COCKTAILS DE FRUITS — NON — ALCOOLISÉS

Conception graphique de la couverture: Katherine Sapon
Conception graphique de la maquette intérieure: Alain Pouliot
Photos: Lorraine Whiteside

DISTRIBUTEURS EXCLUSIFS:

- Pour le Canada et les États-Unis:
  LES MESSAGERIES ADP*
  955, rue Amherst, Montréal H2L 3K4
  Tél.: (514) 523-1182
  Télécopieur: (514) 521-4434
  * Filiale de Sogides Ltée

- Pour la Belgique et le Luxembourg:
  PRESSES DE BELGIQUE
  96, rue Gray, 1040 Bruxelles
  Tél.: (32-2) 640-5881
  Télécopieur: (32-2) 647-0237

- Pour la Suisse:
  TRANSAT S.A.
  Route du Grand-Lancy, 2, C.P. 125, 1211 Genève 26
  Tél.: (41-22) 42-77-40
  Télécopieur: (41-22) 43-46-46

- Pour la France et les autres pays:
  INTER FORUM
  13, rue de la Glacière, 75624 Paris Cédex 13
  Tél.: (33.1) 43.37.11.80
  Télécopieur: (33.1) 43.31.88.15
  Télex: 250055 Forum Paris

LORRAINE WHITESIDE

COCKTAILS DE FRUITS NON ALCOOLISÉS

Près de 200 recettes délicieuses
pour toutes les occasions

Traduit de l'anglais
par
Alain-Xavier Arpino

LES ÉDITIONS DE
L'HOMME

L'ouvrage original anglais a été publié par
Thorsons Publishers sous le titre *Fresh Fruit Cocktails*
(ISBN: 0-7225-0836-0)

Dépôt légal: 4e trimestre 1990
Bibliothèque nationale du Québec

ISBN 2-7619-0922-4

Avec toute mon affection et mes remerciements,
je dédie ce livre
à mes parents bien-aimés, Eric et Mary Whiteside, pour le
dévouement dont ils ont toujours fait preuve;
à mon fils chéri, Daniel Satizábal, pour l'amour qu'il me porte
et l'inspiration qu'il éveille en moi.

INTRODUCTION

La grande vogue des cocktails que nous avons connue au cours des années vingt semble se manifester de nouveau. On a pu constater que les années quatre-vingt avaient été marquées par un grand intérêt collectif pour les aliments naturels ainsi qu'une prise de conscience du rôle de l'alimentation dans le maintien de la bonne santé et de l'énergie vitale. Je souhaite que ce livre représente dignement ces deux tendances car j'ai voulu qu'il allie la joie de la créativité et le respect constant des principes de la diététique.

L'idée persiste malheureusement dans l'esprit de bien des gens que de bonnes boissons et une saine alimentation sont toujours synonymes de tristesse et de manque d'imagination. J'espère que ce livre aidera à chasser cette fâcheuse impression car je suis certaine que les aliments naturels, et en particulier les fruits frais, permettent à l'imagination et à la créativité de chacun de s'exprimer librement.

Les recettes de cocktails aux fruits de cet ouvrage ne comportent que des ingrédients naturels, aussi colorés qu'appétissants et capables de vous mettre l'eau à la bouche. Avec des noms aussi exotiques que El Dorado, Clair de lune, Mont-Blanc ou Hawaii Beach, je suis certaine que tous vos préjugés tomberont pour de bon.

Vitamines et minéraux dans votre verre

Les fruits frais sont des réservoirs naturels de vitamines et de sels minéraux qui nourrissent l'homme depuis des temps immémoriaux. Les fruits frais constituent aussi une excellente source d'hydrates de carbone, qui fournissent à notre corps l'énergie nécessaire à son bon fonctionnement.

Tous les cocktails présentés ici contiennent un ou plusieurs fruits ou jus de fruit qui peuvent, pour certaines recettes, être mélangés avec d'autres ingrédients naturels comme le yogourt ou le lait et constituer une délicieuse alliance de saveurs. Pour les enfants, ces cocktails aux fruits et le supplément de protéines qu'ils offrent constituent des boissons idéales entre les repas et ils font, pour tous, une collation parfaite le soir avant d'aller dormir.

Invention et créativité

L'invention de nouveaux mélanges de saveurs et de couleurs et de nouvelles garnitures fait partie du plaisir que procure la préparation de ces cocktails.

Vous pourrez créer des jolis effets colorés dans vos cocktails en leur ajoutant un succulent coulis de petits fruits. Versée en filet à la surface du liquide, une purée de fraises ou de framboises au miel tombera lentement au fond du verre en créant de belles traînées rouges — surtout si vous versez le cocktail sur de la glace pilée avant d'ajouter le coulis. Le blanc d'œuf ajoute aussi un bel effet original aux cocktails de fruits. Vous pouvez aussi bien le mélanger au jus de fruit et le laisser s'en séparer alors qu'il remontera lentement à la surface que le battre en neige et l'y déposer à la cuillère. (Voir les illustrations dans les pages suivantes.) N'oubliez pas que le blanc d'œuf renferme des protéines, qu'il ne contient pas de cholestérol et qu'il ajoute des éléments nutritifs à vos cocktails tout en leur apportant un attrait supplémentaire. J'aime aussi beaucoup servir des cocktails à base d'orange, de melon et d'ananas dans l'écorce évidée du fruit — un détail raffiné qui transforme un simple cocktail en un irrésistible délice exotique.

Ce livre vous suggérera des idées et des méthodes de préparation de cocktails débordantes d'imagination. Je suis sûre qu'une fois installés devant votre mélangeur électrique avec une variété de fruits frais à portée de la main, vous serez suffisamment inspirés pour inventer vos propres recettes.

Garniture

La garniture est un aspect important de l'art de la présentation d'un cocktail car elle doit faire rêver et saliver dès la présentation du verre. Elle peut être extrêmement dépouillée ou très sophistiquée, et sa composition peut varier de la simple petite fleur fraîche à la somptueuse macédoine de fruits. La touffe de feuilles d'un ananas constitue une garniture particulièrement attrayante. Coupée en quatre et attachée à un peu de pulpe, elle fait un bâtonnet à cocktail très original. (Voir la préparation à la page 38 et la photo dans le cahier en couleurs.)

Quelques feuilles de fraisier ou de framboisier, un brin de plante aromatique fraîche comme la menthe ou le thym, ou le zeste torsadé d'un citron ou d'une orange constituent aussi une garniture très alléchante bien que moins spectaculaire. Les cerises et les petits parasols en papier ajouteront aussi une touche de couleur et de raffinement à vos cocktails. Le type de garniture que vous utiliserez dépendra essentiellement de vos préférences et de vos découvertes personnelles, mais dans tous les cas, son but est de distraire l'œil et de tenter le palais.

Équipement nécessaire

L'équipement de base se compose d'un mélangeur électrique, d'un presse-agrume, d'une tasse à mesurer, d'une passoire en nylon et d'une petite râpe pour le zeste des agrumes.

Seules l'imagination et la créativité dépendent entièrement de vous. Je suis certaine que vous adorerez préparer des cocktails de fruits nutritifs, savoureux et extrêmement alléchants. À vous de jouer maintenant et... bonne santé!

Les quantités mentionnées dans les recettes permettent de préparer une seule portion.

• 1 •
COCKTAILS AUX
FRUITS FRAIS

AUBE SUR LA MER ÉGÉE

Dans ce cocktail irrésistible, la pulpe rose-orangée de la papaye est mélangée avec du lait, surmontée de blanc d'œuf battu en neige et nappée de coulis de fraise au miel.

1/2 papaye de petite taille
250 mL (1 tasse) de lait froid
Miel ou sucre de canne brut (facultatif)
1/2 blanc d'œuf
2 fraises
2 mL (1/2 c. à thé) de miel liquide (pour le coulis)
Petite fleur

1. Peler et évider la papaye, puis hacher grossièrement la pulpe dans le mélangeur électrique. Ajouter le lait et homogénéiser jusqu'à consistance lisse. Si désiré, ajouter du miel ou du sucre au goût, puis homogénéiser de nouveau.
2. Verser le mélange dans un verre haut.
3. Battre le blanc d'œuf en neige moyennement ferme et, à la cuillère, le déposer délicatement à la surface du liquide.
4. Trier et rincer les fraises et bien les laisser égoutter. Les réduire en coulis en les pressant à la cuillère au travers des mailles d'une passoire en nylon. Ajouter un peu de miel et bien le délayer. Juste avant de servir, arroser le blanc d'œuf avec le coulis de fraise au miel. Garnir le cocktail avec une petite fleur à l'aspect exotique et servir accompagné d'une cuillère à long manche.

Note: Aux Antilles et en Amérique centrale, la papaye pousse sur un arbre appelé «arbre à médecine». Les fruits du papayer y ont la réputation d'être les «fruits de la santé» à cause de leur haute valeur nutritive et de leurs propriétés médicinales. Très riche en vitamine A, la papaye contient aussi un puissant enzyme protéolytique, la papaïne. Cet enzyme, qui permet de digérer plus facilement les protéines, fait de la papaye un remarquable auxiliaire de la digestion.

COCKTAIL À LA POMME, À LA BANANE ET AU YOGOURT

Ce cocktail crémeux est un mélange de pomme, de banane, de yogourt et de miel.

1 petite pomme très sucrée
1/2 banane, pelée et hachée
175 mL (3/4 tasse) de yogourt nature réfrigéré
5 à 10 mL (1 à 2 c. à thé) de miel liquide
Tranche de pomme
Brin de plante aromatique fraîche

1. Peler et évider la pomme, puis la hacher grossièrement dans le mélangeur électrique. Ajouter la banane et le yogourt et homogénéiser jusqu'à consistance lisse.
2. Ajouter du miel au goût et homogénéiser de nouveau.
3. Au travers d'une passoire, verser le mélange dans un grand verre et servir avec une tranche de pomme et un brin de plante aromatique fraîche.

Variantes
Cocktail à la pomme, à l'ananas et au yogourt. Remplacer la banane par 30 mL (2 c. à table) d'ananas frais, haché. Continuer comme dans la recette originale, mais ajouter un quartier d'ananas frais comme garniture.
Cocktail à la pomme, à la fraise et au yogourt. Remplacer la banane par 4 à 6 fraises fraîches. Continuer comme dans la recette originale, mais ajouter 1 fraise entière comme garniture.

COCKTAIL À LA POMME ET AU CASSIS

Dans ce succulent cocktail de couleur sombre, le jus de pomme se mélange harmonieusement avec le cassis et le miel.

85 g (1/2 tasse) de cassis, triés et équeutés
250 mL (1 tasse) de jus de pomme refroidi
5 à 10 mL (1 à 2 c. à thé) de miel liquide
Tranche de pomme
Feuilles de cassis ou brins de plante aromatique fraîche

1. Rincer le cassis dans une passoire et le laisser bien égoutter.
2. Verser les fruits dans le mélangeur électrique, ajouter le jus de pomme et homogénéiser jusqu'à consistance lisse. Ajouter du miel au goût et homogénéiser de nouveau.
3. Au travers d'une passoire, verser le cocktail dans un grand verre; garnir avec une tranche de pomme et des feuilles de cassis ou quelques brins de plante aromatique fraîche et servir.

Variante
Cocktail à la pomme et à la framboise. Remplacer le cassis par 85 g (2/3 tasse) de framboises. Continuer comme dans la recette originale et garnir avec des feuilles de framboisier ou quelques brins de plante aromatique fraîche.

LAIT BATTU À LA POMME ET À LA NECTARINE

Voici un lait battu à la double saveur de pomme et de nectarine.

1 petite pomme très sucrée
1 petite nectarine
250 mL (1 tasse) de lait refroidi
Miel ou sucre de canne brut (facultatif)
Tranche de pomme
Brin de plante aromatique fraîche

1. Peler et évider la pomme, puis la hacher grossièrement dans le mélangeur électrique.
2. Pour que la peau s'enlève plus facilement, faire blanchir la nectarine en la plongeant dans l'eau bouillante pendant 30 secondes puis en la passant sous un jet d'eau froide. La peler, la couper en quartiers et la dénoyauter.
3. Mettre la nectarine dans le mélangeur avec la pomme et hacher grossièrement la pulpe. Ajouter le lait et homogénéiser jusqu'à consistance lisse. Si désiré, ajouter du miel ou du sucre et homogénéiser de nouveau.
4. Au travers d'une passoire, verser le cocktail dans un verre haut; garnir avec une tranche de pomme et un brin de plante aromatique fraîche et servir.

Variantes
Lait battu à la pomme et à la poire. Remplacer la nectarine par une petite poire bien mûre, évidée et pelée. Mélanger avec la poire et le lait et ajouter 10 mL (2 c. à thé) de jus de citron fraîchement pressé. Sucrer si désiré, garnir comme dans la recette originale et décorer avec une pincée de zeste de citron râpé.
Lait battu à la pomme et à la framboise. Remplacer la nectarine par 85 g (2/3 tasse) de framboises. Mélanger avec la poire et le lait et, si désiré, sucrer au goût. Au travers d'une passoire, verser dans un verre haut, garnir avec une tranche de pomme, quelques framboises entières et quelques feuilles de framboisier ou un brin de plante aromatique fraîche.

ALMERIA

Ce rafraîchissant cocktail à base de jus de raisin et de limette est servi sur de la glace avec des raisins blancs.

6 à 8 petits raisins blancs sans pépins
Jus d'une demi-limette
175 mL (3/4 tasse) de jus de raisin blanc
Glaçons

1. Rincer les raisins et les mettre au fond d'un grand verre à vin ou d'une flûte à champagne.
2. Au travers d'une passoire, verser le jus de limette sur les raisins.
3. Ajouter le jus de raisin et bien remuer le tout.
4. Ajouter quelques glaçons et servir immédiatement accompagné d'une cuillère à long manche.

Variante

En suivant la même recette, remplacer les ingrédients précédents par des raisins noirs sans pépins, du jus de limette fraîchement pressé et du jus de raisin noir. Si désiré, remplacer le jus de limette par le jus d'un demi-citron.

Comme le jus de raisin blanc ou noir est un ingrédient naturellement sucré, l'addition de jus de limette ou de citron apporte une saveur légèrement acidulée à ce cocktail.

PUNCH À LA POMME ET À L'ORANGE

Ce punch très rafraîchissant à base de jus de pomme, d'orange et de citron est servi avec des dés de pomme et des quartiers d'orange.

Jus d'un demi-citron
125 mL (1/2 tasse) de jus de pomme refroidi
125 mL (1/2 tasse) de jus d'orange fraîchement pressé, tamisé et
  refroidi
Dés de pomme
Quartiers d'orange
Torsade de zeste d'orange

1. Au travers des mailles d'une passoire, verser le jus de citron dans un verre haut, ajouter les jus de pomme et d'orange et bien remuer le tout.
2. Ajouter les dés de pomme et les quartiers d'orange.
3. Garnir le punch aux fruits avec une torsade de zeste d'orange et servir accompagné d'une cuillère à long manche.

Variante
Pour réaliser un mélange aux saveurs différentes, préparer ce punch avec du jus de pomme et des jus de mandarine et de limette fraîchement pressés. Garnir avec des dés de pomme et des quartiers de mandarine et décorer avec une torsade de zeste de limette.

COCKTAIL À L'ABRICOT ET À L'AMANDE

Voici une recette irrésistible à base de lait d'amande et d'abricots frais.

1 gros abricot ou 2 petits
250 mL (1 tasse) de Lait d'amande (voir page 118), refroidi
Torsade de zeste d'orange

1. Pour que la peau s'enlève plus facilement, faire blanchir l'abricot en le plongeant dans l'eau bouillante pendant 30 secondes puis en le passant sous un jet d'eau froide. Le peler, le couper en deux et le dénoyauter.
2. Hacher grossièrement la pulpe de l'abricot dans le mélangeur électrique, ajouter le lait d'amande et homogénéiser jusqu'à consistance lisse.
3. Servir dans un verre haut en garnissant avec une torsade de zeste d'orange.

Note: Comme le lait d'amande a une saveur naturellement sucrée, il n'est pas nécessaire d'ajouter du miel ou du sucre à ce cocktail. Toutefois, si vous en ajoutez, veillez à ne pas exagérer la quantité, car cela modifierait la saveur délicate du cocktail.

COCKTAIL À L'ABRICOT, À LA MANGUE ET AU YOGOURT

Cette alliance de mangue, d'abricot, de jus d'orange et de yogourt donne un cocktail riche et crémeux.

1 petit abricot
1/2 petite mangue, pelée
90 mL (3 oz) de yogourt nature refroidi
90 mL (3 oz) de jus d'orange, fraîchement pressé et refroidi
Miel ou sucre de canne brut (facultatif)
Tranche d'orange
Cerise

1. Pour que la peau s'enlève plus facilement, faire blanchir l'abricot en le plongeant dans l'eau bouillante pendant 30 secondes, puis en le passant sous un jet d'eau froide. Le peler, le couper en deux et le dénoyauter.
2. Hacher grossièrement la pulpe de l'abricot dans le mélangeur électrique. Ajouter la mangue, le yogourt et le jus d'orange et homogénéiser jusqu'à consistance lisse. Goûter et, si désiré, ajouter un peu de miel ou de sucre et homogénéiser de nouveau.
3. Tamiser le cocktail pour ôter toutes les parties fibreuses de la mangue.
4. Verser dans un verre haut et servir en garnissant avec une tranche d'orange et une cerise.

Variantes
Cocktail à l'abricot, à la nectarine et au yogourt. Remplacer la mangue par une demi-nectarine. La faire blanchir en même temps que l'abricot, puis continuer comme dans la recette originale.
Cocktail à l'abricot, à la fraise et au yogourt. Remplacer la mangue par 4 fraises et le jus d'orange par du jus d'ananas. Continuer comme dans la recette originale et garnir avec 1 fraise entière.

COUCHER DE SOLEIL À BALI

Ce cocktail à base de jus d'orange et de nectarine fraîchement pressés est d'abord versé sur de la glace pilée, puis l'addition d'un coulis de framboise au miel crée un effet de couleur très joli.

1 nectarine
175 mL (3/4 tasse) de jus d'orange fraîchement pressé
30 g (1/4 tasse) de framboises
5 mL (1 c. à thé) de miel liquide
Glace pilée
Tranche d'orange

1. Pour que la peau s'enlève plus facilement, faire blanchir la nectarine en la plongeant dans l'eau bouillante pendant 30 secondes puis en la passant sous un jet d'eau froide. La peler, la couper en deux et ôter le noyau.
2. Hacher grossièrement la pulpe de la nectarine dans le mélangeur électrique, ajouter le jus d'orange et homogénéiser jusqu'à consistance lisse. Tamiser le liquide.
3. Trier les framboises, les rincer dans une grande passoire et bien les laisser égoutter.
4. Réduire les framboises en coulis en les pressant à la cuillère au travers d'une passoire en nylon et bien mélanger avec le miel.
5. Pour servir, verser la préparation à la nectarine dans un verre haut rempli de glace pilée. Verser le coulis de framboise en filet par-dessus et le laisser descendre au fond du verre en créant un effet de couleur. Remuer délicatement une seule fois lorsque le coulis atteint le fond, garnir avec 1 tranche d'orange et servir.

Variante

Pour changer, préparer le cocktail en mélangeant le jus d'orange avec des pêches, des abricots, des mangues ou des papayes et suivre la recette originale.

Pour simplifier la recette et transformer du simple jus d'orange fraîchement pressé en délice exotique, le verser sur de la glace pilée puis le mélanger avec le coulis de framboise au miel.

FLEUR D'ABRICOT

Voici un délicieux mélange d'abricot, de jus d'orange et de miel de fleurs d'oranger.

1 gros abricot ou 2 petits
175 mL (3/4 tasse) de jus d'orange fraîchement pressé, tamisé et
    refroidi
5 mL (1 c. à thé) de miel de fleurs d'oranger
Torsade de zeste d'orange
Brin de plante aromatique fraîche

1. Pour que la peau s'enlève plus facilement, faire blanchir l'abricot en le plongeant dans l'eau bouillante pendant 30 secondes puis en le passant sous un jet d'eau froide. Le peler, le couper en deux et le dénoyauter.
2. Hacher grossièrement la pulpe de l'abricot dans le mélangeur électrique, ajouter le jus d'orange et le miel et homogénéiser le tout jusqu'à consistance lisse.
3. Verser dans verre haut, garnir avec une torsade de zeste d'orange et un brin de plante aromatique fraîche et servir.

Variantes
Fleur de pêche ou Fleur de nectarine. Préparer le cocktail selon la recette originale, mais remplacer l'abricot par 1 pêche ou 1 nectarine.
Fleur d'abricot au yogourt. N'employer que 50 mL (1/4 tasse) de jus d'orange. Ajouter alors 125 mL (1/2 tasse) de yogourt nature, puis homogénéiser et garnir comme dans la recette originale.

BOUGAINVILLIER

Cette combinaison de fraises, de jus d'ananas, de blanc d'œuf et de miel constitue un cocktail à deux couches contrastées — un épais liquide rose sombre dans le fond du verre et une légère collerette mousseuse sur le dessus.

6 fraises
175 mL (3/4 tasse) de jus d'ananas refroidi
1/2 blanc d'œuf
5 à 10 mL (1 à 2 c. à thé) de miel liquide
Petites fleurs roses ou blanches

1. Trier et rincer soigneusement les fraises et bien les laisser égoutter.
2. Mettre les fraises dans le mélangeur électrique avec le jus d'ananas, le blanc d'œuf et le miel. Homogénéiser le tout à grande vitesse jusqu'à consistance lisse et mousseuse.
3. Au travers d'une passoire, verser le mélange dans un grand verre à pied et laisser reposer pendant 1 ou 2 minutes pour que le blanc d'œuf se sépare du jus et remonte à la surface du liquide. L'épais mélange de fraises et de jus d'ananas sera surmonté par la légère collerette de mousse rose produite par l'œuf.
4. Garnir avec quelques petites fleurs roses ou blanches et servir.

BUCK'S SPARKLE

Ce rafraîchissant mélange de jus d'orange et d'eau minérale gazeuse se sert glacé avec des quartiers d'orange.

175 mL (3/4 tasse) de jus d'orange fraîchement pressé
Glaçons
Eau minérale gazeuse
Quartiers d'orange
Torsade de zeste d'orange
Petit parasol en papier

1. Au travers d'une passoire, verser le jus d'orange dans un grand verre.
2. Ajouter des glaçons, compléter avec de l'eau minérale gazeuse et bien remuer.
3. Garnir le cocktail avec des quartiers d'orange, une torsade de zeste d'orange et un petit parasol en papier. Servir accompagné d'une cuillère à long manche.

LAIT BATTU À LA BANANE ET À L'ÉRABLE

La délicieuse saveur du sirop d'érable se combine merveilleusement bien à ce mélange de banane et de lait.

1 banane mûre
250 mL (1 tasse) de lait refroidi
5 à 10 mL (1 à 2 c. à thé) de sirop d'érable
Zeste d'orange râpé finement
Torsade de zeste d'orange

1. Peler la banane et la hacher grossièrement dans le mélangeur électrique. Ajouter le lait et le sirop d'érable et homogénéiser jusqu'à consistance lisse et mousseuse.
2. Verser dans un verre haut et saupoudrer avec une pincée de zeste d'orange râpé finement. Garnir le cocktail avec une torsade de zeste d'orange bien coloré et servir.

Variante
Lait battu à la banane, à l'abricot et à l'érable. Faire blanchir 1 petit abricot, le peler et le dénoyauter. N'employer qu'une demi-banane, homogénéiser et garnir comme dans la recette originale.

LAIT DE SOJA BATTU À LA BANANE ET AU MIEL

Délicieux et riche en protéines, voici un mélange de lait de soja, de banane, de jus de citron et de miel.

1 banane mûre
250 mL (1 tasse) de Lait de soja (voir page 120), refroidi
10 mL (2 c. à thé) de jus de citron fraîchement pressé
5 à 10 mL (1 à 2 c. à thé) de miel liquide
Zeste de citron râpé finement
Torsade de zeste de citron

1. Peler et trancher la banane. La mettre dans le mélangeur électrique avec le lait de soja, le jus de citron et le miel et homogénéiser jusqu'à consistance lisse et crémeuse.
2. Verser dans un verre haut, sans tamiser. Pour ajouter un peu de couleur à ce cocktail, le saupoudrer de zeste de citron râpé et le garnir avec une belle torsade de zeste de citron.

BELLA VISTA

Ce riche cocktail de fruits est préparé avec un mélange de fraises, de banane et de jus d'ananas.

6 fraises
1/2 banane, pelée et tranchée
175 mL (3/4 tasse) de jus d'ananas refroidi
Feuilles de fraisier ou brins de plante aromatique fraîche
Petit parasol en papier

1. Trier les fraises, les rincer dans une passoire et bien les égoutter. En réserver 2 pour la garniture.
2. Mettre les fraises qui restent dans le mélangeur électrique, ajouter la banane et le jus d'ananas et homogénéiser jusqu'à consistance lisse.

3. Tamiser le mélange pour en ôter les petites graines.
4. Verser dans un grand verre à pied et garnir avec les fraises réservées et quelques feuilles de fraisier ou brins de plante aromatique fraîche. Compléter la garniture en y ajoutant un petit parasol en papier de couleur vive et servir.

CALIFORNIA DREAMING

Ce mélange de jus de pamplemousse rose et d'orange est coiffé d'un col mousseux de blanc d'œuf.

90 mL (3 oz) de jus de pamplemousse rose, tamisé et refroidi
90 mL (3 oz) de jus d'orange, tamisé et refroidi
1/2 blanc d'œuf

1. Verser les jus refroidis dans le mélangeur électrique et ajouter le blanc d'œuf. Homogénéiser à vitesse rapide jusqu'à ce que le mélange devienne mousseux.
2. Verser dans un grand verre à tumbler, puis laisser reposer pendant quelques minutes avant de servir. Le blanc d'œuf va se séparer des jus et remonter à la surface du liquide pour former un beau col mousseux.

Note: Vous pouvez employer du jus de pamplemousse ordinaire si vous avez trop de difficulté à vous procurer du jus de pamplemousse rose.

PUNCH À LA CAMOMILLE ET AUX FRUITS

Ce punch rafraîchissant et désaltérant à base de camomille et de jus d'ananas est servi avec des quartiers d'ananas et des fraises.

125 mL (1/2 tasse) d'infusion de camomille refroidie
125 mL (1/2 tasse) de jus d'ananas refroidi
Quartiers d'ananas frais
Fraises tranchées
Tranche d'orange
Brin de menthe fraîche ou feuilles de plante aromatique

1. Mélanger la camomille et le jus d'orange dans un grand verre.
2. Ajouter les quartiers d'ananas et les tranches de fraises.
3. Garnir avec une tranche d'orange et des feuilles de plante aromatique fraîche ou un brin de menthe fraîche. Servir accompagné d'une cuillère à long manche.

Variante
Préparer le punch en mélangeant des quantités égales de jus d'orange fraîchement pressé, de jus de pamplemousse ou de raisin blanc et d'infusion de camomille. Garnir avec des fruits de saison.

ROSE DES BERMUDES

Les fraises, le jus de raisin rouge, le yogourt et le miel se combinent agréablement pour réaliser ce cocktail d'une belle couleur pourpre.

6 fraises
175 mL (3/4 tasse) de jus de raisin rouge refroidi
5 à 10 mL (1 à 2 c. à thé) de miel liquide
15 mL (1 c. à table) de yogourt nature refroidi
Petites fleurs roses ou blanches

1. Trier les fraises, les rincer dans une passoire et bien les égoutter.
2. Mettre les fraises dans le mélangeur électrique, ajouter le jus de raisin, le miel et le yogourt et bien homogénéiser le tout jusqu'à consistance lisse.
3. Tamiser le mélange pour ôter les petites graines.
4. Verser ce cocktail coloré dans un verre haut, le garnir avec quelques fleurs roses ou blanches et servir.

MAGIE NOIRE

Ce cocktail crémeux et aromatisé constitue un mélange envoûtant de cassis, de yogourt, de lait et de miel.

85 g (1/2 tasse) de cassis, triés et équeutés
125 mL (1/2 tasse) de yogourt nature refroidi
50 mL (1/4 tasse) de lait refroidi
5 à 10 mL (1 à 2 c. à thé) de miel liquide
Feuilles de cassis ou brin de plante aromatique fraîche
Petite fleur

1. Rincer le cassis dans une passoire et bien l'égoutter.
2. Mettre les fruits dans le mélangeur électrique, ajouter le yogourt et le lait et homogénéiser jusqu'à consistance lisse et mousseuse. Ajouter du miel au goût et homogénéiser de nouveau.
3. Tamiser le mélange et le verser dans un verre haut.
4. Servir le cocktail en le garnissant avec quelques feuilles de cassis ou un brin de plante aromatique fraîche et une petite fleur blanche ou rose foncé.

Variante
Préparer la même recette, mais remplacer le cassis par des mûres.

CANARIES FLIP

Ce cocktail crémeux est un délicieux mélange de banane, d'œuf, de lait et de miel.

1 petite banane ou la moitié d'une grosse
1 œuf
250 mL (1 tasse) de lait refroidi
5 mL (1 c. à thé) de miel liquide
Noix muscade fraîchement râpée
Petites fleurs

1. Peler la banane, la couper en morceaux et la hacher grossièrement dans le mélangeur électrique. Ajouter l'œuf, le miel et le lait et homogénéiser le tout jusqu'à consistance lisse et mousseuse.
2. Verser le cocktail dans un verre haut et en saupoudrer la surface avec une pincée de noix muscade fraîchement râpée. Pour ajouter un peu de couleur, garnir avec quelques petites fleurs colorées et servir.

RÊVE DES CARAÏBES

Cet alléchant cocktail à base d'ananas frais, de banane, de lait et de crème est servi sur de la glace pilée.

45 mL (3 c. à table) d'ananas frais haché
1/2 petite banane, pelée et hachée
175 mL (3/4 tasse) de lait refroidi
45 mL (3 c. à table) de crème à 10 p. 100
Miel ou sucre de canne brut (facultatif)
Glace pilée
Tranche d'ananas frais
Cerises

1. Mettre l'ananas haché, la banane, le lait et la crème dans le mélangeur électrique et homogénéiser jusqu'à consistance lisse. Goûter et sucrer, si nécessaire, en ajoutant un peu de miel ou de sucre de canne et homogénéiser de nouveau.
2. Mettre beaucoup de place pilée au fond d'un verre ballon et verser le mélange par-dessus au travers des mailles d'une passoire.
3. Peler la tranche d'ananas et en ôter le centre, puis la poser sur le dessus du verre. Mettre 2 pailles dans l'ouverture, garnir avec quelques cerises et servir.

CHAMPS-ÉLYSÉES

Dans ce cocktail très esthétique, un mélange de jus d'orange et d'ananas est versé sur de la glace pilée puis garni de pêches fraîches et nappé d'un coulis de framboise au miel.

50 mL (1/4 tasse) de framboises
5 mL (1 c. à thé) de miel liquide
Glace pilée
1/2 pêche fraîche, pelée et coupée en quartiers
50 mL (1/4 tasse) de jus d'ananas refroidi
50 mL (1/4 tasse) de jus d'orange fraîchement pressé, tamisé et refroidi

1. Préparer d'abord le coulis de framboise au miel. Trier les framboises, les rincer dans une passoire et bien les laisser égoutter.
2. Réduire les framboises en purée en les pressant, à la cuillère, au travers d'une passoire en nylon et bien mélanger avec le miel. Réserver.
3. Remplir un grand verre de dry martini avec de la glace pilée.
4. Y disposer les quartiers de pêche en les calant avec la glace pilée pour que leurs pointes dépassent légèrement le bord du verre et pendent par-dessus.
5. Mélanger les jus de fruit et les verser sur la glace.
6. Verser délicatement le coulis de framboise sur le mélange de jus et le laisser lentement descendre au fond du verre en créant un effet de couleur dans le cocktail. Remuer délicatement une seule fois et servir accompagné d'une cuillère à long manche.

Note: Vous pouvez remplacer la pêche par de la nectarine et préparer la même recette.

CLOUD NINE

La nectarine, l'abricot et le jus d'ananas se combinent agréablement dans ce délicieux cocktail.

1 petite nectarine ou la moitié d'une grosse
1 petit abricot ou la moitié d'un gros
175 mL (3/4 tasse) de jus d'ananas refroidi
Miel ou sucre de canne brut (facultatif)
Torsade de zeste d'orange
Cerises

1. Pour que la peau s'enlève plus facilement, faire blanchir la nectarine et l'abricot en les plongeant dans l'eau bouillante pendant 30 secondes puis en les passant sous un jet d'eau froide. Peler les fruits, les couper en deux et les dénoyauter.
2. Hacher grossièrement la pulpe des fruits dans le mélangeur électrique, ajouter le jus d'ananas et homogénéiser jusqu'à consistance lisse. Si désiré, ajouter du miel ou du sucre au goût et homogénéiser de nouveau.
3. Verser le cocktail dans un verre haut et servir en garnissant avec une torsade de zeste d'orange et des cerises.

Variante
Remplacer le jus d'ananas par du jus d'orange fraîchement pressé ou, si désiré, mélanger la même quantité de jus d'ananas et d'orange et homogénéiser avec la nectarine et l'abricot comme dans la recette originale.

COUPE À LA POIRE

Ce délicieux mélange de poire juteuse et de lait d'amande est légèrement acidulé par du jus et du zeste de citron.

1 petite poire bien mûre
175 mL (3/4 tasse) de Lait d'amande (voir page 118), refroidi
10 mL (2 c. à thé) de jus de citron fraîchement pressé
Miel ou sucre de canne brut (facultatif)
Zeste de citron finement râpé
Torsade de zeste de citron

1. Peler et évider la poire, puis la hacher grossièrement dans le mélangeur électrique.
2. Ajouter le lait d'amande et le jus de citron et homogénéiser jusqu'à consistance lisse et crémeuse. Si désiré, ajouter du miel ou du sucre au goût puis homogénéiser de nouveau.
3. Verser dans un verre haut et saupoudrer la surface du liquide avec une pincée de zeste de citron finement râpé. Garnir avec une torsade de zeste de citron et servir.

NOIX DE COCO COPACABANA

Ce mélange très exotique de lait de coco, de papaye et de jus de limette est servi dans une noix de coco.

1/2 papaye de petite taille
175 mL (3/4 tasse) de Lait de coco (voir page 119), refroidi
5 mL (1 c. à thé) de jus de limette fraîchement pressé
Sucre vanillé (voir page 55) ou miel
Noix de coco évidée
Cerises
Petit parasol en papier

1. Peler et évider la papaye, puis hacher grossièrement la pulpe dans le mélangeur électrique.
2. Ajouter le lait de coco et le jus de citron et homogénéiser jusqu'à consistance lisse. Ajouter du sucre vanillé ou du miel au goût et homogénéiser de nouveau.
3. Servir dans une coquille de noix de coco évidée ou un verre à cocktail haut en garnissant avec quelques cerises et un petit parasol en papier. (Si désiré, remplir une noix de coco évidée ou un verre à cocktail avec de la glace pilée, verser le mélange par-dessus et servir.)

SOLEIL COUCHANT

Ce mélange doré de nectarine parfumée et de jus d'orange frais est versé sur de la glace pilée avant d'être recouvert d'une couche de fraises.

1 nectarine
175 mL (3/4 tasse) de jus d'orange fraîchement pressé, tamisé et refroidi
Miel ou sucre de canne brut (facultatif)
Glace pilée
3 ou 4 petites fraises, rincées et équeutées
Petites fleurs jaunes ou blanches

1. Pour que la peau s'enlève plus facilement, faire blanchir la nectarine en la plongeant dans l'eau bouillante pendant 30 secondes puis en la passant sous un jet d'eau froide. La peler, la couper en deux et la dénoyauter.
2. Hacher grossièrement la pulpe de la nectarine dans le mélangeur électrique, ajouter le jus d'orange et homogénéiser jusqu'à consistance lisse. Goûter et, si désiré, ajouter un peu de miel ou de sucre et homogénéiser de nouveau.
3. Remplir un verre haut avec de la glace pilée et verser le mélange par-dessus.
4. Couper les fraises en deux et les poser à plat sur la glace pour former une couche rose à la surface du liquide d'un beau jaune d'or. Garnir le cocktail avec quelques petites fleurs jaunes ou blanches et servir accompagné d'une cuillère à long manche.

GUADALAJARA

Ce cocktail irrésistiblement fruité est composé d'un mélange de jus de mandarine et d'ananas, allié à de la banane.

150 mL (2/3 tasse) de jus de mandarine fraîchement pressé, tamisé et refroidi
90 mL (3 oz) de jus d'ananas refroidi
1 petite banane, pelée et hachée
Torsade de zeste de mandarine
Petit parasol en papier

1. Verser les jus de mandarine et d'ananas dans le récipient du mélangeur électrique, ajouter la banane et homogénéiser le tout jusqu'à consistance lisse et crémeuse.
2. Verser le mélange dans un verre haut et servir en garnissant avec une torsade de zeste de mandarine et un petit parasol en papier de couleur vive.

HAWAII BEACH

Ce rafraîchissant cocktail à base de jus d'ananas et d'eau minérale gazeuse est servi glacé avec des bâtonnets de cœur d'ananas et des tranches de concombre.

175 mL (3/4 tasse) de jus d'ananas
Glaçons
Eau minérale gazeuse
Dés d'ananas frais
Tranches de concombre
Bâtonnets de cœur d'ananas frais (voir ci-dessous)
Torsane de pelure de concombre

1. Verser le jus d'ananas dans un verre haut, ajouter des glaçons, compléter le verre avec de l'eau minérale gazeuse et bien remuer.
2. Ajouter des dés d'ananas frais et des tranches de concombre dans le cocktail.
3. Garnir avec un bâtonnet de cœur d'ananas frais pour ajouter une note d'exotisme et compléter la décoration avec une longue torsade de pelure de concombre. Servir accompagné d'une cuillère à long manche.

Note: Pour obtenir des *bâtonnets de cœur d'ananas frais,* couper un ananas entier en deux avec sa touffe terminale de feuilles. Recouper chaque moitié en quatre en laissant toujours les feuilles. Ôtez le centre de la pulpe de chaque quartier en n'en laissant qu'une partie attachée à chaque bouquet de feuilles. Raccourcir les feuilles, ôter celles qui ne sont pas bien vertes et tailler chaque bâtonnet à la longueur approximative d'un bâtonnet à cocktail. Ces bâtonnets sont une garniture intéressante et exotique pour tous les cocktails aux fruits; gardez toujours les feuilles et le cœur des ananas pour les servir avec tous les cocktails contenant de l'ananas frais.

EL DORADO

Ce mélange doré de mangue, de jus d'orange et de jus d'ananas, surmonté d'œuf en neige et arrosé de coulis de framboise au miel, constitue un cocktail aussi exotique que coloré.

1/2 mangue de petite taille
90 mL (3 oz) de jus d'orange fraîchement pressé, refroidi
90 mL (3 oz) de jus d'ananas refroidi
Miel ou sucre de canne brut (facultatif)
15 g (2 c. à table) de framboises
2 mL (1/2 c. à thé) de miel liquide (pour le coulis)
1/2 blanc d'œuf

1. Peler la mangue et hacher grossièrement la pulpe dans le mélangeur électrique. Ajouter les jus d'orange et d'ananas et homogénéiser jusqu'à consistance lisse. Goûter et, si nécessaire, sucrer avec un peu de miel ou de sucre avant d'homogénéiser de nouveau.
2. Tamiser le mélange pour ôter les parties fibreuses de la mangue et verser dans un verre haut.
3. Trier et rincer les framboises et les laisser bien égoutter. Les réduire en purée en les pressant à la cuillère au travers des mailles d'une passoire en nylon. Ajouter un peu de miel et bien mélanger pour que le coulis soit homogène.
4. Battre le blanc d'œuf en neige moyennement ferme puis, à la cuillère, le déposer à la surface du cocktail. Juste avant de servir, napper avec le coulis de framboise au miel.

Variante
Remplacer la mangue par de la pêche, de la nectarine ou de l'abricot, homogénéiser avec les deux jus comme dans la recette originale, recouvrir de blanc d'œuf en neige et napper de coulis de framboise au miel.

HIGHLAND GLEN

Ce cocktail typiquement écossais est un mélange de lait d'avoine onctueux et de framboises fraîches.

85 g (2/3 tasse) de framboises
250 mL (1 tasse) de Lait d'avoine (voir page 120), refroidi
Feuilles de framboisier ou brin de plante aromatique fraîche

1. Trier les framboises, les rincer dans une passoire et bien les égoutter. En réserver 2 ou 3 pour la garniture.
2. Mettre le reste des framboises dans le mélangeur électrique avec le lait d'avoine et homogénéiser jusqu'à consistance lisse.
3. Au travers d'une passoire, verser le mélange dans un verre haut. Garnir le cocktail avec les framboises réservées et des feuilles de framboisier ou un brin de plante aromatique fraîche avant de servir.

COBBLER AU MELON

Ce délicieux mélange de melon Honeydew et de lait est servi avec des boulettes de melon.

75 mL (1/3 tasse) de dés de melon Honeydew
250 mL (1 tasse) de lait refroidi
4 à 6 boulettes de melon Honeydew
Brin de plante aromatique fraîche
Petites fleurs jaunes

1. Mettre les dés de melon et le lait dans le mélangeur électrique et homogénéiser jusqu'à consistance lisse.
2. Avec une cuillère à bord tranchant, tailler quelques boulettes de melon bien rondes.
3. Verser le mélange de lait et de melon dans un verre haut et ajouter les boulettes de melon.
4. Garnir le cocktail avec un brin de plante aromatique fraîche et quelques petites fleurs jaunes. Servir accompagné d'une cuillère à long manche.

Variantes

Cobbler au melon et à la banane. Préparer la recette précédente mais sans y mettre de boulettes de melon. Les remplacer par des tranches de banane et garnir comme précédemment.

Cobbler au melon et à l'ananas. Remplacer les boulettes de melon de la recette originale par des dés d'ananas frais. Garnir avec un quartier d'ananas frais et quelques fleurs très colorées.

COCKTAIL GLACÉ AU CITRON ET AU MIEL

Ce cocktail glacé à base de jus de citron, de miel et d'eau minérale est aussi désaltérant que rafraîchissant.

Jus d'un citron
250 mL (1 tasse) d'eau minérale gazeuse
5 à 10 mL (1 à 2 c. à thé) de miel liquide
Glaçons
Torsade de zeste de citron

1. Au travers des mailles d'une passoire, verser le jus de citron dans un verre haut.
2. Ajouter l'eau minérale et le miel et bien délayer le miel.
3. Ajouter des glaçons et garnir le cocktail avec une torsade de zeste de citron avant de servir.

BULLES EXOTIQUES

Ce cocktail à base de jus de raisin blanc pétillant et de jus de limette est garni de fruits exotiques.

Jus d'une demi-limette
175 mL (3/4 tasse) de jus de raisin blanc pétillant, refroidi
Dés d'ananas frais et de mangue
Tranche d'orange
Tranche de kiwi
Petit parasol en papier

1. Au travers des mailles d'une passoire, verser le jus de limette dans une coupe à champagne ou un verre à cocktail.
2. Ajouter le jus de raisin pétillant et bien remuer.
3. Ajouter des dés d'ananas frais et de mangue dans le cocktail et garnir le verre avec une tranche d'orange et de kiwi. Compléter la garniture avec un petit parasol en papier et servir accompagné d'une cuillère à long manche.

Variante
Garnir le cocktail avec des dés de papaye, des tranches de banane, des dés de pêche, d'abricot ou de nectarine, des raisins noirs ou blancs sans pépin ou les fruits exotiques disponibles.

ÎLE DE CAPRI

Dans ce cocktail romantique, les fraises fraîches sont mélangées à du jus de raisin blanc, couvertes de blanc d'œuf battu en neige et nappées de coulis de fraise au miel.

8 fraises
175 mL (3/4 tasse) de jus de raisin blanc refroidi
Miel ou sucre de canne brut (facultatif)
1/2 blanc d'œuf
2 mL (1/2 c. à thé) de miel liquide
Petite fleur

1. Trier les fraises, les rincer et bien les égoutter. En réserver 2 pour le coulis.
2. Mettre les fraises qui restent dans le mélangeur électrique, ajouter le jus de raisin et homogénéiser jusqu'à consistance lisse. Goûter et, si désiré, sucrer avec un peu de miel ou de sucre et homogénéiser de nouveau.
3. Tamiser le mélange pour ôter les petites graines et le verser dans un verre à pied.
4. Battre le blanc d'œuf en neige moyennement ferme et, à la cuillère, le poser et le laisser flotter à la surface du mélange de fraises et de jus de raisin.
5. Réduire les fraises réservées en coulis en les pressant à la cuillère au travers des mailles d'une passoire en nylon. Ajouter le miel et bien le délayer.
6. Juste avant de servir, verser le coulis de fraise en filet sur le blanc d'œuf en neige. Ajouter une petite fleur exotique et servir accompagné d'une cuillère à long manche.

BEAUTÉ ITALIENNE

Ce succulent mélange de cantaloup et de lait d'amande est servi avec des fraises fraîches.

1/2 cantaloup de petite taille
250 mL (1 tasse) de Lait d'amande (voir page 118)
4 fraises
Petites fleurs

1. Ôter l'écorce et les graines du melon, puis hacher grossièrement la pulpe dans le mélangeur électrique.
2. Ajouter le lait d'amande et homogénéiser jusqu'à consistance lisse.
3. Verser le mélange de lait et de melon dans un verre haut.
4. Trier et rincer les fraises et en réserver une pour la garniture. Trancher les fraises qui restent et les ajouter au cocktail.
5. Garnir avec la fraise réservée et quelques petites fleurs aux couleurs vives et servir.

Note: Le cantaloup tire son nom de la province italienne de Cantalupo, près de Rome, où il est cultivé depuis le XVIIe siècle. Avec sa pulpe aromatisée, douce, juteuse et de couleur rose-orangée, c'est certainement l'un des melons les plus succulents.

LUNE DE MIEL

Un sompteux cocktail qui allie le fruit de la passion à la pêche et au jus d'orange.

1 fruit de la passion
175 mL (3/4 tasse) de jus d'orange fraîchement pressé, refroidi
1 petite pêche
Cerise

1. Couper le fruit de la passion en deux et, à la cuillère, ôter la pulpe et les graines.
2. Mettre la pulpe dans une passoire de nylon, verser le jus d'orange par-dessus et bien écraser la pulpe avec le dos d'une cuillère pour la débarrasser des graines. Écraser la pulpe plusieurs fois de suite pour que tout l'arôme du fruit se retrouve dans le jus d'orange et qu'il ne reste plus que des graines noires dans la passoire. Jeter les graines.
3. Pour que la peau s'enlève plus facilement, faire blanchir la pêche en la plongeant dans l'eau bouillante pendant 30 secondes puis en la passant sous un jet d'eau froide.
4. Hacher grossièrement la pulpe de la pêche dans le mélangeur électrique. Ajouter le jus d'orange au fruit de la passion et homogénéiser jusqu'à consistance lisse.
5. Verser le cocktail dans un verre à long pied et servir en garnissant avec une cerise.

Note: Le fruit de la passion est le fruit comestible d'une espèce particulière de fleur de la passion (*Passiflora edulis*). Il pousse dans les régions tropicales du monde entier et surtout aux Antilles, en Amérique du Sud, dans certaines parties de l'Amérique du Nord et du nord de l'Afrique. Il possède une peau brune, dure et plissée qui protège sa pulpe à la saveur délicieuse et caractéristique. Dans les pays tropicaux, on déguste la pulpe rafraîchissante à la cuillère. Le jus de cette pulpe ajouté à un cocktail de fruits frais lui donne toujours un délicieux arôme caractéristique.

FLIP AU CITRON ET AU MIEL

Ce cocktail très nourrissant est un mélange crémeux de jus de citron, de miel, de lait et d'œuf.

Jus d'un demi-citron
250 mL (1 tasse) de lait refroidi
1 œuf
5 à 10 mL (1 à 2 c. à thé) de miel liquide
Torsade de zeste de citron

1. Au travers d'une passoire, verser le jus de citron dans le mélangeur électrique.
2. Ajouter le lait, l'œuf et le miel et homogénéiser le tout jusqu'à consistance lisse.
3. Verser le cocktail dans un verre haut et servir en garnissant avec une torsade de zeste de citron.

HIGHBALL À LA LIMETTE ET AU MIEL

Ce cocktail rafraîchissant et acidulé est composé de jus de limette, d'eau minérale gazéifiée et de miel.

Jus d'une limette
Eau minérale gazéifiée refroidie
5 à 10 mL (1 à 2 c. à thé) de miel liquide
Glaçons
Torsade de zeste de limette

1. Au travers d'une passoire, verser le jus de limette dans un verre à highball.
2. Compléter le verre avec de l'eau minérale gazéifiée.
3. Ajouter du miel au goût et remuer jusqu'à ce qu'il soit bien délayé.
4. Ajouter des glaçons au cocktail et le garnir avec une torsade de zeste de limette avant de servir.

Variante
Highball à la limette et à la fleur d'oranger. Remplacer le
miel liquide par du miel de fleur d'oranger et préparer la
même recette que précédemment.

JADE

Ce cocktail aussi riche que coloré est un heureux mélange
de jus d'ananas et de cresson.

6 à 8 brins de cresson (ou au goût)
250 mL (1 tasse) de jus d'ananas refroidi

1. Trier et rincer le cresson. En réserver un brin pour la
   garniture.
2. Mettre le cresson qui reste dans le mélangeur électrique,
   ajouter le jus d'ananas et homogénéiser le tout jusqu'à
   consistance lisse.
3. Au travers d'une passoire, verser le mélange dans un
   verre haut, garnir avec le brin de cresson réservé et
   servir.

JAMAICAN FRESCO

Ce cocktail très rafraîchissant à base de jus d'ananas, d'orange et de pamplemousse rose est servi avec des dés d'ananas frais et garni avec un bouquet de feuilles d'ananas.

90 mL (3 oz) de jus d'ananas refroidi
90 mL (3 oz) de jus d'orange fraîchement pressé, refroidi
90 mL (3 oz) de jus de pamplemousse rose refroidi
Glaçons
Dés d'ananas frais
Tranches d'orange
Bâtonnets de cœur d'ananas frais (voir page 38)

1. Mélanger les jus d'ananas, d'orange et de pamplemousse.
2. Mettre beaucoup de glaçons dans un verre haut et, au travers d'une passoire, y verser le mélange de jus.
3. Ajouter des dés d'ananas frais dans le cocktail et garnir avec des tranches d'orange et un bâtonnet de cœur d'ananas frais. Servir immédiatement, accompagné d'une cuillère à long manche.

Légendes des photos:

Aube sur la mer Égée (p. 14)
Almeria (p. 18)
Cocktail à l'abricot, à la mangue et au yogourt (p. 21)
Coucher de soleil à Bali (p. 22)
Bougainvillier (p. 24)
California Dreaming (p. 27)
Rêve des Caraïbes (p. 31)
Noix de coco Copacabana (p. 35)

El Dorado (p. 39)
Bulles exotiques (p. 42)
Lune de miel (p. 45)
Jamaican Fresco (p. 48)
Cooler à la mangue et au citron (p. 51)
Lait de soja battu à la mangue (p. 55)
Melon magique (p. 58)
Rêve d'été (p. 59)

BOISSON FRAPPÉE À LA MANDARINE ET À LA LIMETTE

Deux jus de fruit exotiques, la mandarine et la limette, sont mélangés et versés sur de la glace pilée pour réaliser ce cocktail rafraîchissant et richement aromatisé.

Jus d'une limette
175 mL (3/4 tasse) de jus de mandarine fraîchement pressé
Glace pilée
Torsade de zeste de limette

1. Mélanger les jus de limette et de mandarine.
2. Remplir un grand verre à cocktail avec de la glace pilée puis, au travers d'une passoire, verser le mélange de jus par-dessus.
3. Garnir le cocktail avec une torsade de zeste de limette et servir.

Variante
Boisson frappée à la mandarine et à la pêche. Ne pas mettre de jus de limette. Pour que la peau s'enlève plus facilement, faire blanchir 1 petite pêche en la plongeant dans l'eau bouillante pendant 30 secondes puis en la passant sous un jet d'eau froide. Peler la pêche, la couper en deux et la dénoyauter. Hacher grossièrement la pulpe dans le mélangeur électrique, ajouter 175 mL (3/4 tasse) de jus de mandarine fraîchement pressé et homogénéiser jusqu'à consistance lisse. Remplir un grand verre à cocktail avec de la glace pilée, tamiser le contenu du mélangeur par-dessus et garnir le cocktail avec une torsade de zeste de mandarine.

BOISSON FRAPPÉE À LA MANGUE ET À L'ORANGE

Ce mélange exotique de mangue et de jus d'orange versé sur de la glace pilée est absolument irrésistible.

1/2 petite mangue
175 mL (3/4 tasse) de jus d'orange fraîchement pressé
Glace pilée
Torsade de zeste d'orange

1. Peler la mangue et réserver 2 dés de pulpe pour la garniture.
2. Hacher grossièrement la pulpe qui reste dans le mélangeur électrique, ajouter le jus d'orange et homogénéiser jusqu'à consistance lisse. Tamiser le liquide à travers une passoire de nylon pour ôter les parties fibreuses de la mangue.
3. Mettre beaucoup de glace pilée au fond d'un grand verre à cocktail et y verser le mélange de mangue et d'orange.
4. Enfiler les dés de mangue réservés sur un bâtonnet à cocktail et en faire une garniture. Compléter la décoration du verre avec une torsade de zeste d'orange avant de servir.

Variante
Boisson frappée à la mangue et à l'ananas. Remplacer le jus d'orange par du jus d'ananas et préparer la même recette que précédemment.

COOLER À LA MANGUE
ET AU CITRON

La belle pulpe orangée de la mangue est mélangée au jus de citron et à l'eau minérale gazeuse pour réaliser ce cocktail très rafraîchissant.

1 petite mangue bien mûre ou la moitié d'une grosse
Jus d'un demi-citron
Eau minérale gazeuse ou soda nature, refroidi
Miel ou sucre de canne brut (facultatif)
Tranche de citron

1. Peler la mangue et hacher grossièrement la pulpe dans le mélangeur électrique. Si on utilise une mangue entière, bien presser le noyau avec les mains pour s'assurer que tout le jus en est extrait.
2. Ajouter le jus de citron et bien homogénéiser pour obtenir une purée de fruit.
3. Avec une fourchette, bien presser la pulpe de la mangue contre les parois d'une passoire en nylon pour en ôter toutes les parties fibreuses. (Couper la pulpe de la mangue en petits dés, mélanger avec le jus de citron, réduire en purée avec la fourchette puis presser la purée de fruit au travers des mailles de la passoire.)
4. Verser la purée de mangue au citron dans un verre haut, compléter avec de l'eau minérale gazeuse et bien remuer. Goûter le mélange et, si désiré, sucrer avec un peu de miel ou de sucre puis bien mélanger le tout.
5. Garnir le cocktail avec une tranche de citron et servir.

Variante
Cooler à la mangue et à la limette. Remplacer le jus de citron par le jus d'une demi-limette et suivre la recette originale en garnissant avec 1 tranche de limette.

MOULIN ROUGE

Ce cocktail crémeux et coloré est un mélange de framboises, de jus d'ananas, de yogourt et de miel.

85 g (2/3 tasse) de framboises
90 mL (3 oz) de jus d'ananas refroidi
90 mL (3 oz) de yogourt nature refroidi
5 à 10 mL (1 à 2 c. à thé) de miel liquide
Petites fleurs rose foncé

1. Trier les framboises, les rincer dans une passoire et bien les égoutter.
2. Mettre les framboises dans le mélangeur électrique, ajouter le jus d'ananas et le yogourt et homogénéiser jusqu'à consistance lisse et mousseuse. Sucrer au goût avec du miel, puis homogénéiser de nouveau.
3. Tamiser le mélange pour ôter les petites graines et verser dans un verre à pied. Garnir avec des petites fleurs rose foncé pour ajouter de la couleur au cocktail et servir.

Variante
Remplacer le jus d'ananas par du jus de raisin blanc ou du jus d'orange et suivre la recette précédente.

LAIT BATTU À LA NECTARINE ET À LA FRAMBOISE

Les framboises et le lait se marient fort bien à la nectarine juteuse dans ce cocktail richement aromatisé.

1 petite nectarine ou la moitié d'une grosse
60 g (1/2 tasse) de framboises
250 mL (1 tasse) de lait refroidi
Miel ou sucre de canne brut (facultatif)
Feuilles de framboisier ou brin de plante aromatique fraîche

1. Pour que la peau s'enlève plus facilement, faire blanchir la nectarine en la plongeant dans l'eau bouillante pendant 30 secondes puis en la passant sous un jet d'eau froide. Hacher grossièrement la pulpe de la nectarine au mélangeur électrique.
2. Trier les framboises, les rincer dans une passoire et bien les laisser égoutter. En réserver 2 pour la garniture et mettre le reste dans le mélangeur.
3. Ajouter le lait et homogénéiser jusqu'à consistance lisse. Goûter et, si désiré, sucrer au goût avec du miel ou du sucre, puis homogénéiser de nouveau.
4. Tamiser le mélange pour en ôter les petites graines, puis le verser dans un verre haut.
5. Garnir le cocktail avec les framboises réservées et des feuilles de framboisier ou un brin de plante aromatique fraîche.

Variante
Lait battu à la nectarine et à la fraise. Remplacer les framboises par 4 à 6 fraises. Préparer la même recette que précédemment et garnir avec une fraise entière et des feuilles de fraisier ou un brin de plante aromatique fraîche.

PUNCH À L'ORANGE
ET AU PAMPLEMOUSSE

Ce punch rafraîchissant et acidulé à base de jus d'orange et de pamplemousse frais est garni avec des quartiers de ces mêmes agrumes.

125 mL (1/2 tasse) de jus d'orange fraîchement pressé, tamisé et refroidi
125 mL (1/2 tasse) de jus de pamplemousse fraîchement pressé, tamisé et refroidi
Quartiers d'orange et de pamplemousse
Brin de menthe fraîche ou feuilles de plante aromatique
Torsade de zeste d'orange

1. Verser les jus d'orange et de pamplemousse dans un verre haut et bien les mélanger.
2. Ajouter quelques quartiers d'orange et de pample-mousse dans le verre et garnir avec des feuilles de plante aromatique fraîche ou un brin de menthe fraîche et une torsade de zeste d'orange. Servir le cocktail accompagné d'une cuillère à long manche.

Variante
Punch à l'orange et à l'ananas. Remplacer le jus de pamplemousse par du jus d'ananas et les quartiers de pamplemousse par des quartiers d'ananas. Préparer la même recette que précédemment en la garnissant de même ou avec un bâtonnet de cœur d'ananas frais (voir page 38).

LAIT DE SOJA BATTU
À LA MANGUE

Ce délicieux mélange de mangue et de lait de soja exhale un subtil arôme de vanille.

1 petite mangue ou la moitié d'une grosse
250 mL (1 tasse) de Lait de soja (voir page 120), refroidi
Sucre vanillé (voir la note ci-dessous)
Tranche d'orange

1. Peler la mangue et hacher grossièrement la pulpe dans le mélangeur électrique. Dans le cas d'une mangue entière, bien presser le noyau avec les mains pour s'assurer que tout le jus en est extrait.
2. Ajouter le lait de soja et homogénéiser jusqu'à consistance lisse. Ajouter du sucre vanillé au goût et homogénéiser de nouveau.
3. Tamiser le mélange pour ôter toutes les parties fibreuses de la mangue.
4. Verser dans un verre haut et garnir avec une tranche d'orange avant de servir.

Note: Pour préparer du sucre vanillé, placer une gousse entière de vanille dans un bocal de sucre cristallisé fermé par un couvercle et laisser reposer pendant au moins 2 semaines avant d'utiliser. Le sucre se sera alors imprégné de l'arôme de la vanille. Laisser la vanille dans le bocal hermétiquement fermé et utiliser le sucre vanillé lorsqu'une recette le demande. Le sucre vanillé est particulièrement savoureux avec le lait de soja ou le lait de coco.

PALM BEACH

L'abricot, les jus d'orange et d'ananas et la crème se combinent agréablement dans ce cocktail très aromatisé.

1 gros abricot ou 2 petits
90 mL (3 oz) de jus d'ananas refroidi
90 mL (3 oz) de jus d'orange fraîchement pressé, tamisé et
    refroidi
30 à 45 mL (2 à 3 c. à table) de crème à 10 p. 100
1 goutte d'arôme naturel d'amande
Miel ou sucre de canne brut (facultatif)
Tranches d'orange
Petit parasol en papier

1. Pour que la peau s'enlève plus facilement, faire blanchir l'abricot en le plongeant dans l'eau bouillante pendant 30 secondes puis en le passant sous un jet d'eau froide. Le peler, le couper en deux et le dénoyauter.
2. Hacher grossièrement la pulpe de l'abricot dans le mélangeur électrique, puis ajouter les jus d'ananas et d'orange, ainsi que la crème et l'arôme d'amande. Homogénéiser le tout jusqu'à consistance lisse. Goûter le mélange et, si nécessaire, sucrer avec un peu de miel ou de sucre et homogénéiser de nouveau.
3. Verser le mélange dans un grand verre à cocktail, garnir avec quelques tranches d'orange et un parasol en papier de couleur vive avant de servir.

Variante
Préparer la même recette, mais remplacer l'abricot par 1 pêche, 1 nectarine ou 1 papaye fraîche.

COBBLER À LA PAPAYE ET À LA FRAISE

Cet irrésistible mélange à saveur exotique de papaye et de lait est servi avec des fraises fraîches.

1/2 papaye de petite taille
250 mL (1 tasse) de lait refroidi
Miel ou sucre de canne brut (facultatif)
4 fraises
Petite fleur

1. Peler et évider la papaye, puis hacher grossièrement la pulpe dans le mélangeur électrique.
2. Ajouter le lait et homogénéiser jusqu'à consistance lisse. Si désiré, sucrer avec un peu de miel ou de sucre puis homogénéiser de nouveau.
3. Verser le cocktail dans un grand verre.
4. Trier les fraises, les rincer dans une passoire et bien les laisser égoutter. Les couper en tranches et les ajouter au cocktail.
5. Garnir avec une petite fleur et servir accompagné d'une cuillère à long manche.

Variantes
Cobbler à la papaye et à la nectarine. Remplacer les fraises par 1 nectarine, pelée et coupée en dés. Suivre la même recette que précédemment.
Cobbler à la papaye et à la banane. En suivant la même recette, remplacer les fraises par 1 banane coupée en tranches. (Des dés d'abricot, de pêche et d'ananas peuvent aussi être ajoutés à ce succulent cocktail.)

MELON MAGIQUE

Ce savoureux mélange de melon et de jus d'ananas est servi dans une écorce de melon évidée.

1 petit melon
150 mL (2/3 tasse) de jus d'ananas refroidi
Miel ou sucre de canne brut (facultatif)

1. Avec un couteau bien aiguisé, ôter le dessus du melon après l'avoir découpé en zigzag. Ôter aussi une fine tranche sous le dessous du fruit pour que celui-ci puisse rester debout, mais bien veiller à ne pas transpercer l'écorce.
2. À la cuillère, évider le melon par le dessus et jeter les graines. Creuser la pulpe en laissant une épaisseur de 1 cm sur le fond et les côtés afin que l'écorce soit assez résistante.
3. Mettre la pulpe dans le mélangeur électrique, ajouter le jus d'ananas et homogénéiser jusqu'à consistance lisse. Goûter le mélange et, si désiré, sucrer avec un peu de miel ou de sucre puis homogénéiser de nouveau.
4. Tamiser le mélange au travers d'une passoire en nylon et le verser dans l'écorce évidée.
5. Piquer le couvercle réservé avec un bâtonnet en bois et le fixer sur le côté du melon. Servir avec des pailles.

Variante
Si désiré, remplacer le jus d'ananas par la même quantité de yogourt nature et suivre la recette originale.

RÊVE D'ÉTÉ

Ce mélange d'abricot et de jus d'orange servi avec des fraises et recouvert de yogourt onctueux compose un délicieux cocktail aux fruits d'été.

1 gros abricot ou 2 petits
175 mL (3/4 tasse) de jus d'orange fraîchement pressé, tamisé et
   refroidi
Miel ou sucre de canne brut (facultatif)
4 fraises
15 à 30 mL (1 à 2 c. à table) de yogourt nature refroidi
30 mL (2 c. à table) d'amandes effilées

1. Pour que la peau s'enlève plus facilement, faire blanchir l'abricot en le plongeant dans l'eau bouillante pendant 30 secondes puis en le passant sous un jet d'eau froide. Le peler, le couper en deux et ôter le noyau.
2. Hacher grossièrement la pulpe de l'abricot dans le mélangeur électrique, ajouter le jus d'orange et homogénéiser jusqu'à consistance lisse. Goûter et, si désiré, sucrer avec un peu de miel ou de sucre et homogénéiser de nouveau.
3. Verser le cocktail dans un verre à pied.
4. Trier et rincer les fraises et bien les laisser égoutter. Les couper en deux et les ajouter au cocktail.
5. Battre légèrement le yogourt à la cuillère jusqu'à consistance lisse. Le déposer à la surface du liquide et le laisser flotter en créant un contraste avec le rouge-orangé du cocktail. Garnir avec des amandes effilées et servir accompagné d'une cuillère à long manche.

Note: Ce cocktail délicieux est tellement nutritif qu'il remplace avantageusement un repas d'été léger.

COCKTAIL À LA PÊCHE ET AU LAIT D'AVOINE

Ce mélange savoureusement nutritif de pêche juteuse et de lait d'avoine est digne des fins gourmets.

1 pêche
250 mL (1 tasse) de Lait d'avoine (voir page 120), refroidi
Zeste d'orange finement râpé
Tranche d'orange
Petit parasol en papier

1. Pour que la peau s'enlève plus facilement, faire blanchir la pêche en la plongeant dans l'eau bouillante pendant 30 secondes puis en la passant sous un jet d'eau froide. La peler, la couper en deux et la dénoyauter.
2. Hacher grossièrement la pulpe de la pêche dans le mélangeur électrique, ajouter le lait d'avoine et homogénéiser jusqu'à consistance lisse.
3. Verser le mélange dans un verre haut et le saupoudrer de zeste d'orange finement râpé.
4. Garnir le cocktail avec une tranche d'orange et un petit parasol en papier aux couleurs vives avant de servir.

Variantes
Cocktail à l'abricot et au lait d'avoine. Suivre la même recette que précédemment mais remplacer la pêche par 1 gros abricot ou 2 petits avant d'homogénéiser avec le lait d'avoine.
Cocktail à la banane et au lait d'avoine. Homogénéiser le lait d'avoine en remplaçant l'abricot par 1 petite banane tranchée. Suivre la recette précédente et garnir de la même manière.

COCKTAIL À LA PÊCHE MELBA

Ce cocktail est un délicieux mélange de pêche, de framboises, de lait et de miel.

1 petite pêche
125 mL (1/2 tasse) de framboises
250 mL (1 tasse) de lait refroidi
5 à 10 mL (1 à 2 c. à thé) de miel liquide
Feuilles de framboisier ou brin de plante aromatique fraîche

1. Pour que la peau s'enlève plus facilement, faire blanchir la pêche en la plongeant dans l'eau bouillante pendant 30 secondes puis en la passant sous un jet d'eau froide. La peler, la couper en deux et la dénoyauter.
2. Hacher grossièrement la pulpe de la pêche au mélangeur électrique.
3. Trier les framboises, les rincer dans une passoire et bien les égoutter. En réserver 2 ou 3 pour la garniture et ajouter le reste dans le mélangeur.
4. Ajouter le lait et le miel et homogénéiser le tout jusqu'à consistance lisse.
5. Tamiser le mélange pour ôter les petites graines et le verser dans un verre haut.
6. Garnir le cocktail avec les framboises réservées et des feuilles de framboisier ou un brin de plante aromatique fraîche avant de servir.

Variantes
Cocktail à la nectarine Melba. Préparer la même recette que précédemment mais remplacer la pêche par 1 petite nectarine.
Cocktail à la banane Melba. Couper 1 petite banane en tranches dans le mélangeur électrique, ajouter les framboises, le lait et le miel et poursuivre comme dans la recette précédente.

COCKTAIL À LA POIRE
ET AU BABEURRE

Dans ce cocktail crémeux, la poire se mélange agréablement au babeurre, au jus de citron et au miel.

1 petite poire bien mûre
175 mL (3/4 tasse) de babeurre refroidi
10 mL (2 c. à thé) de jus de citron fraîchement pressé
5 à 10 mL (1 à 2 c. à thé) de miel liquide
Zeste de citron finement râpé
Torsade de zeste de citron

1. Peler et évider la poire, puis hacher grossièrement la pulpe au mélangeur électrique.
2. Ajouter le babeurre et le jus de citron et homogénéiser jusqu'à consistance lisse.
3. Sucrer au goût avec du miel et homogénéiser de nouveau.
4. Servir le cocktail dans un verre haut en le saupoudrant d'une pincée de zeste de citron. Garnir avec une torsade de zeste de citron.

Variante
Cocktail à la banane et au babeurre. Remplacer la poire par 1 petite banane hachée et suivre la même recette que précédemment.

MON CHÉRI

Ce cocktail exquis se compose d'un coulis de framboise au miel mélangé à du jus de raisin.

85 g (2/3 tasse) de framboises
5 à 10 mL (1 à 2 c. à thé) de miel liquide
90 mL (3 oz) de jus de raisin blanc refroidi
Petite fleur blanche

1. Trier les framboises, les rincer dans une passoire et bien les laisser égoutter.
2. Réduire les framboises en coulis en les pressant à la cuillère au travers d'une passoire en nylon.
3. Ajouter du miel au goût et bien le délayer.
4. Tamiser de nouveau le coulis pour ôter complètement les petites graines.
5. Verser le coulis de framboise au miel dans un verre à pied et compléter avec du jus de raisin blanc. Mélanger le cocktail et le garnir avec une petite fleur blanche avant de servir.

Note: Ce cocktail est une boisson idéale pour une fête. Préparer le coulis de framboise au miel à l'avance et le conserver au réfrigérateur jusqu'au moment de l'utiliser. Au moment de servir, compléter simplement les verres avec du jus de raisin et remuer.

Les proportions de la recette permettent la préparation d'environ 90 mL (3 oz) de coulis, mais elles peuvent être modifiées pour répondre aux préférences de chacun. Plus la quantité de purée de fruit employée est importante et plus la couleur rouge du cocktail est foncée.

Variante
«Champagne rosé». Remplacer le jus de raisin de la recette originale par du jus de raisin blanc pétillant.

PARADISO

La nectarine, la fraise et le jus d'ananas se mélangent agréablement dans ce délicieux cocktail.

1 petite nectarine
6 fraises
175 mL (3/4 tasse) de jus d'ananas refroidi
Miel ou sucre de canne brut (facultatif)
Feuilles de fraisier ou brin de plante aromatique fraîche

1. Pour que la peau s'enlève plus facilement, faire blanchir la nectarine en la plongeant dans l'eau bouillante pendant 30 secondes puis en la passant sous un jet d'eau froide. La peler, la couper en deux et la dénoyauter.
2. Hacher grossièrement la nectarine dans le mélangeur électrique.
3. Trier les fraises, les rincer et bien les laisser égoutter. En réserver 2 belles pour la garniture et mettre le reste dans le mélangeur.
4. Ajouter le jus d'ananas et homogénéiser jusqu'à consistance lisse. Goûter le mélange et, si nécessaire, ajouter un peu de miel ou de sucre et homogénéiser de nouveau.
5. Au travers des mailles d'une passoire, verser le mélange dans un grand verre à cocktail, garnir avec les fraises réservées, décorer avec les feuilles de fraisier ou le brin de plante aromatique fraîche et servir.

Variante
Selon les préférences personnelles, remplacer la nectarine par 1 pêche ou 1 abricot de petite taille.

LAIT BATTU AU FRUIT DE LA PASSION ET À LA PÊCHE

Ce lait battu est délicatement aromatisé à la pêche et au fruit de la passion.

1 fruit de la passion
250 mL (1 tasse) de lait refroidi
1 pêche
Miel ou sucre de canne brut (facultatif)
Torsade de zeste d'orange

1. Couper le fruit de la passion en deux et l'évider en ôtant la pulpe et les graines avec une cuillère.
2. Mettre la pulpe dans une passoire de nylon, verser le lait par-dessus et bien l'écraser avec le dos d'une cuillère pour ôter les graines. Écraser la pulpe plusieurs fois de suite pour que tout l'arôme du fruit se retrouve dans le lait et qu'il ne reste plus que des graines noires dans la passoire. Jeter les graines.
3. Pour que la peau s'enlève plus facilement, faire blanchir la pêche en la plongeant dans l'eau bouillante pendant 30 secondes puis en la passant sous un jet d'eau froide. La peler, la couper en deux et la dénoyauter.
4. Hacher grossièrement la pêche dans le mélangeur électrique et ajouter le lait aromatisé au fruit de la passion. Homogénéiser le tout jusqu'à consistance lisse. Goûter et, si désiré, ajouter un peu de miel ou de sucre, puis homogénéiser de nouveau. (Ne pas trop sucrer pour ne pas détruire la saveur délicate du fruit de la passion.)
5. Servir dans un verre haut en garnissant avec une torsade de zeste d'orange.

Variante

Lait battu au fruit de la passion et à l'ananas. Ne pas utiliser de pêche. La remplacer par 30 mL (2 c. à table) d'ananas frais haché que l'on ajoutera dans le mélangeur au lait aromatisé au fruit de la passion. Homogénéiser jusqu'à consistance lisse, tamiser dans un grand verre et garnir avec un quartier d'ananas frais avant de servir.

MONT-BLANC

Succulent mélange de jus de raisin rouge et de yogourt dont l'aspect rappelle celui d'une montagne enneigée.

125 mL (1/2 tasse) de jus de raisin rouge refroidi
90 mL (3 oz) de yogourt nature refroidi
Raisins noirs ou guignes noires
5 mL (1 c. à thé) de yogourt nature

1. Bien mélanger le jus de raisin et le yogourt.
2. Verser le mélange dans un verre à cocktail et garnir avec des raisins noirs ou des guignes noires.
3. Juste avant de servir, déposer le yogourt à la surface du cocktail et le laisser flotter pour créer un effet de pic enneigé.

Note: Le jus de raisin rouge étant naturellement très sucré, il n'est pas nécessaire d'ajouter du miel ou du sucre à ce cocktail.

MONTMARTRE

Ce cocktail est composé d'un succulent mélange de poire, de banane, de yogourt et de miel.

1 petite poire ou la moitié d'une grosse
1/2 banane
175 mL (3/4 tasse) de yogourt nature refroidi
5 à 10 mL (1 à 2 c. à thé) de miel liquide
Zeste d'orange râpé finement
Torsade de zeste d'orange
Petite fleur

1. Peler et évider la poire, puis la hacher grossièrement dans le mélangeur électrique.
2. Peler la banane, la hacher grossièrement au mélangeur et ajouter le yogourt et du miel au goût. Bien homogénéiser tous les ingrédients jusqu'à consistance lisse.
3. Verser le cocktail dans un verre haut et le saupoudrer avec une pincée de zeste d'orange râpé. Pour lui ajouter un peu de couleur, le garnir avec une torsade de zeste d'orange et une petite fleur aux couleurs vives avant de servir.

COCKTAIL AU KAKI, À L'ORANGE ET AU YOGOURT

Dans ce cocktail crémeux, la pulpe du kaki est agréablement mélangée au jus d'orange et au yogourt.

1 kaki bien mûr
90 mL (3 oz) de jus d'orange fraîchement pressé, tamisé et refroidi
90 mL (3 oz) de yogourt nature, refroidi
Miel ou sucre de canne brut (facultatif)
Tranche d'orange
Zeste d'orange râpé finement

1. Peler le kaki et hacher grossièrement la pulpe dans le mélangeur électrique.
2. Ajouter le jus d'orange et le yogourt et homogénéiser le tout jusqu'à consistance lisse. Goûter le mélange et, si désiré, sucrer avec un peu de miel ou de sucre avant d'homogénéiser de nouveau.
3. Verser dans un grand verre à cocktail, garnir avec une tranche d'orange et une pincée de zeste d'orange râpé et servir.

Variantes

Cocktail au kaki, à l'ananas et au yogourt. Remplacer le jus d'orange par du jus d'ananas. Préparer la même recette que précédemment et garnir avec un quartier d'ananas avant de servir.

Cocktail au kaki, à la mandarine et au yogourt. Remplacer le jus d'orange par du jus de mandarine. Suivre la même recette que précédemment, garnir le cocktail avec des quartiers de mandarine fraîche et le saupoudrer de zeste de mandarine râpé finement.

Cocktail au kaki et à la mandarine. Ne pas employer de yogourt. Ajouter 175 mL (3/4 tasse) de jus de mandarine fraîchement pressé au kaki dans le mélangeur et suivre la même recette en garnissant avec des quartiers de mandarine et en saupoudrant de zeste de mandarine finement râpé.

PINEAPPLE ALASKA

Le jus d'ananas, la glace pilée, le blanc d'œuf et le sirop d'érable composent ce divin mélange.

175 mL (3/4 tasse) de jus d'ananas
250 mL (1 tasse) de glace pilée
1/2 blanc d'œuf
5 à 10 mL (1 à 2 c. à thé) de sirop d'érable
Quartier d'ananas frais

1. Mettre le jus d'ananas, la glace pilée et le blanc d'œuf dans le mélangeur électrique et homogénéiser le tout jusqu'à consistance lisse et crémeuse.
2. Verser sans tamiser dans un grand verre à cocktail. Laisser reposer le liquide pendant 1 ou 2 minutes, jusqu'à ce que le blanc d'œuf remonte à la surface en laissant le jus d'ananas et la glace au fond du verre.
3. Lorsque le blanc d'œuf est remonté, le napper avec le sirop d'érable. Garnir avec un quartier d'ananas frais et servir.

COCKTAIL À L'ANANAS ET AU CONCOMBRE

Dans ce cocktail rafraîchissant, la pulpe délicate du concombre se mélange agréablement au jus d'ananas.

Morceau de concombre frais de 5 cm (2 po) de long
175 mL (3/4 tasse) de jus d'ananas refroidi
Torsade de pelure de concombre

1. Peler le concombre en faisant une longue spirale avec la pelure. Réserver.
2. Hacher grossièrement le concombre pelé dans le mélangeur électrique, ajouter le jus d'ananas et homogénéiser jusqu'à consistance lisse.
3. Tamiser le mélange et servir dans un verre à cocktail en garnissant avec la spirale de pelure réservée.

Variante

Cobbler à l'ananas et au concombre. Homogénéiser le concombre et le jus d'ananas comme dans la recette originale. Tamiser dans un verre de forme haute, ajouter des dés d'ananas et de concombre frais, garnir avec une spirale de pelure de concombre et servir le cocktail accompagné d'une cuillère à long manche.

CLAIR DE LUNE

Le jus de raisin, le blanc d'œuf et le sirop d'érable se marient agréablement dans ce cocktail léger et brillant.

175 mL (3/4 tasse) de jus de raisin blanc, refroidi
1/2 blanc d'œuf
5 à 10 mL (1 à 2 c. à thé) de sirop d'érable

1. Dans le mélangeur électrique, homogénéiser à vitesse rapide le jus de raisin et le blanc d'œuf jusqu'à ce que le mélange soit crémeux et mousseux.

2. Verser dans un grand verre à cocktail et laisser reposer pendant plusieurs minutes jusqu'à ce que le blanc d'œuf se sépare du jus de fruit.
3. Verser le sirop d'érable en filet sur le col de blanc d'œuf et servir accompagné d'une cuillère à long manche.

COCKTAIL À LA POIRE ET À L'ANANAS

Cette simple combinaison de poire et de jus d'ananas est douce, rafraîchissante et fruitée.

1 petite poire mûre
175 mL (3/4 tasse) de jus d'ananas refroidi
Raisins blancs sans pépins ou tranche de kiwi

1. Peler et évider la poire, puis hacher grossièrement la pulpe dans le mélangeur électrique.
2. Ajouter le jus d'ananas et homogénéiser jusqu'à consistance lisse.
3. Servir le cocktail dans un verre haut en le garnissant avec une petite grappe de raisins ou une tranche de kiwi.

Variante
Cocktail à la poire et à la mandarine. Remplacer le jus d'ananas par du jus de mandarine fraîchement pressé. Garnir avec des quartiers de mandarine avant de servir.

PERLE D'ORIENT

Un délice asiatique à base de jus de mandarine, de jus d'ananas et de litchis.

125 mL (1/2 tasse) de jus de mandarine fraîchement pressé
50 mL (1/4 tasse) de jus d'ananas
Glace pilée
4 à 6 litchis, pelés et dénoyautés

1. Mélanger les jus de mandarine et d'ananas.
2. Remplir à moitié une flûte à champagne avec de la glace pilée et déposer les litchis par-dessus.
3. Tamiser le mélange de jus au-dessus des litchis et de la glace et servir immédiatement le cocktail en l'accompagnant d'une cuillère à long manche.

PARFAIT AMOUR

Ce cocktail exotique est un mélange raffiné de papaye, de fruit de la passion et de jus d'ananas bien frais.

1 fruit de la passion
175 mL (3/4 tasse) de jus d'ananas refroidi
1/2 papaye de petite taille
Petites fleurs

1. Couper le fruit de la passion en deux et l'évider en ôtant la pulpe et les graines avec une cuillère.
2. Mettre la pulpe dans une passoire de nylon, verser le jus d'ananas par-dessus et bien l'écraser avec le dos d'une cuillère pour ôter les graines. Écraser la pulpe plusieurs fois de suite pour que tout l'arôme du fruit de la passion se retrouve dans le jus d'ananas et qu'il ne reste plus que des graines noires dans la passoire. Jeter les graines.
3. Peler et évider la papaye. Utiliser une cuillère à bord tranchant pour tailler 2 boulettes de papaye et les réserver pour la garniture.
4. Hacher la pulpe de papaye qui reste dans le mélangeur électrique et y ajouter le jus d'ananas aromatisé au fruit de la passion. Homogénéiser le tout jusqu'à consistance lisse.
5. Servir le cocktail dans un verre haut, garnir avec les boulettes de papaye réservées et quelques petites fleurs aux couleurs vives.

BOISSON FRAPPÉE À L'ORANGE ET AU FRUIT DE LA PASSION

Dans ce cocktail très attirant, le jus d'orange frais est délicatement aromatisé au fruit de la passion.

1 fruit de la passion
175 mL (3/4 tasse) de jus d'orange fraîchement pressé
Glace pilée
Tranches d'orange
Cerises

1. Couper le fruit de la passion en deux et l'évider en ôtant la pulpe et les graines avec une cuillère.
2. Mettre la pulpe dans une passoire de nylon, verser le jus d'orange par-dessus et bien l'écraser avec le dos d'une cuillère pour en ôter les graines. Écraser la pulpe plusieurs fois de suite pour que tout l'arôme du fruit de la passion se retrouve dans le jus d'orange et qu'il ne reste plus que des graines noires dans la passoire. Jeter les graines.
3. Remplir un grand verre à cocktail avec de la glace pilée, puis y verser le jus d'orange aromatisé au fruit de la passion.
4. Garnir le cocktail avec des tranches d'orange et des cerises avant de servir.

Variante
Boisson frappée à l'ananas et au fruit de la passion. Remplacer le jus d'orange par du jus d'ananas et préparer la même recette que précédemment. Garnir avec un quartier d'ananas avant de servir.

COCKTAIL À LA FRAMBOISE ET À L'ANANAS

Dans ce cocktail rafraîchissant et fruité, les framboises se mélangent délicieusement au jus d'ananas.

85 g (2/3 tasse) de framboises
175 mL (3/4 tasse) de jus d'ananas refroidi
Miel ou sucre de canne brut (facultatif)
Feuilles de framboisier ou brin de plante aromatique fraîche

1. Trier les framboises, les rincer dans une passoire et bien les laisser égoutter. En réserver 2 ou 3 pour la garniture.
2. Mettre les framboises qui restent dans le mélangeur électrique, ajouter le jus d'ananas et homogénéiser jusqu'à consistance lisse. Goûter et, si nécessaire, sucrer avec un peu de miel ou de sucre et homogénéiser de nouveau.
3. Tamiser le mélange pour ôter les petites graines.
4. Verser le cocktail dans un grand verre à pied et garnir avec les framboises réservées et des feuilles de framboisier ou un brin de plante aromatique fraîche avant de servir.

Variante
Cocktail à la framboise et à l'orange. Remplacer le jus d'ananas par du jus d'orange et la garniture par une torsade de zeste d'orange. Suivre la même recette que précédemment.

BOISSON MARBRÉE À LA FRAMBOISE

Ce succulent mélange de framboises, de yogourt, de lait et de miel est «marbré» par un coulis de framboise.

115 g (1 tasse) de framboises
125 mL (1/2 tasse) de yogourt nature refroidi
50 mL (1/4 tasse) de lait refroidi
5 à 10 mL (1 à 2 c. à thé) de miel liquide
Feuilles de framboisier ou brin de plante aromatique fraîche

1. Trier les framboises, les rincer dans une passoire et bien les égoutter. En réserver 2 ou 3 pour la garniture.
2. Mettre 85 g (2/3 tasse) de framboises dans le mélangeur électrique avec le yogourt, le miel et le lait. Homogénéiser jusqu'à consistance lisse.
3. Verser le mélange au travers d'une passoire dans un grand verre à cocktail.
4. Réduire les framboises qui restent en purée en les pressant à la cuillère au travers des mailles d'une passoire.
5. Verser la purée de framboise en filet sur le cocktail en y dessinant des marbrures. Garnir avec les framboises réservées et des feuilles de framboisier ou un brin de plante aromatique fraîche avant de servir.

Variantes
Boisson marbrée à la fraise. Remplacer les framboises par des fraises et préparer la même recette que précédemment.
Boisson marbrée à la mûre. Remplacer les framboises par des mûres et préparer la même recette que précédemment.

ROSE DE PICARDIE

Le jus de raisin rouge, riche et fruité, est mélangé au blanc d'œuf dans ce délicieux cocktail d'une belle couleur pourprée.

175 mL (3/4 tasse) de jus de raisin rouge
1/2 blanc d'œuf
Petite fleur blanche ou rose

1. Dans le mélangeur électrique, verser le jus de raisin et le blanc d'œuf et homogénéiser à grande vitesse jusqu'à ce que le mélange soit crémeux et mousseux. Verser dans un verre haut et laisser reposer pendant plusieurs minutes pour que le blanc d'œuf se sépare du jus de fruit.
2. Avant de servir, garnir avec une petite fleur blanche ou rose.

Note: Ce cocktail se sépare en deux couches contrastées, la base de couleur pourpre sombre étant surmontée par un délicat col rose.

COCKTAIL À L'ORANGE
ET À LA CAROTTE

L'orange fraîchement pressée se mélange agréablement à la carotte dans ce délicieux cocktail.

1 carotte
175 mL (3/4 tasse) de jus d'orange
Bâtonnets de carotte (voir note ci-dessous)
Brin de cresson ou de persil frais

1. Gratter la carotte et la râper avec le robot de cuisine.
2. Ajouter le jus d'orange et homogénéiser le tout jusqu'à consistance lisse.
3. Tamiser le mélange dans un verre haut et garnir le cocktail avec des bâtonnets de carotte et un brin de cresson ou de persil frais.

Note: Pour préparer des bâtonnets de carotte, peler une carotte longue et fine avec un couteau à légumes et la couper longitudinalement en 4 lanières. Diviser les lanières en bâtonnets et les utiliser pour garnir les cocktails.

COUPE D'ORANGE
AU YOGOURT

Cet appétissant mélange d'orange et de yogourt est servi dans l'écorce du fruit.

1 orange à pelure épaisse
150 mL (2/3 tasse) de yogourt nature, refroidi
Miel ou sucre de canne brut (facultatif)

1. Avec un couteau bien aiguisé, ôter le dessus de l'orange. À la cuillère, ôter la pulpe du couvercle et conserver

celui-ci. Découper le bord de l'orange évidée en zigzag. À la cuillère, évider complètement l'orange de sa pulpe.

2. Mettre la pulpe et le yogourt dans le mélangeur électrique et homogénéiser jusqu'à consistance lisse. Goûter le mélange et, si désiré, sucrer avec un peu de miel ou de sucre puis homogénéiser de nouveau.

3. Tamiser le mélange et le verser dans l'écorce évidée. Piquer le couvercle réservé avec un bâtonnet en bois et le fixer sur le côté de l'orange. Servir avec des pailles.

SIERRA NEVADA

Ce délicieux mélange de jus d'ananas et d'orange est coiffé de blanc d'œuf battu en neige.

90 mL (3 oz) de jus d'ananas refroidi
90 mL (3 oz) de jus d'orange fraîchement pressé, refroidi
1/2 blanc d'œuf

1. Mélanger les jus et les verser dans le mélangeur électrique au travers d'une passoire.

2. Ajouter le blanc d'œuf et homogénéiser à vitesse rapide pendant 30 secondes, jusqu'à ce que l'œuf soit bien délayé.

3. Verser le mélange dans un grand verre à tumbler et laisser reposer pendant quelques minutes. Le blanc d'œuf va se séparer du jus et remonter à la surface du liquide en donnant un joli effet de col enneigé.

SORRENTO

Cette boisson fraîche et pétillante est composée de pêche, de jus d'orange et de limette et d'eau minérale gazéifiée.

1 pêche
125 mL (1/2 tasse) de jus d'orange fraîchement pressé, tamisé et refroidi
Jus d'une demi-limette, tamisé
Eau minérale gazeuse ou soda nature, refroidi
Miel ou sucre de canne brut (facultatif)
Tranche d'orange
Torsade de zeste de limette

1. Pour que la peau s'enlève plus facilement, faire blanchir la pêche en la plongeant dans l'eau bouillante pendant 30 secondes puis en la passant sous un jet d'eau froide. La peler, la couper en deux et la dénoyauter.
2. Mettre la pêche dans le mélangeur, ajouter les jus d'orange et de limette et homogénéiser jusqu'à consistance lisse.
3. Verser le mélange dans un verre haut, compléter avec de l'eau minérale gazéifiée ou du soda nature et bien remuer. Goûter et, si désiré, ajouter un peu de miel ou de sucre et bien agiter de nouveau.
4. Garnir le cocktail avec une tranche d'orange et une torsade de zeste de limette avant de servir.

Variante
Préparer la même recette, mais remplacer la pêche par 1 abricot frais ou 1 nectarine.

COCKTAIL DES MERS DU SUD

Ce succulent mélange de banane et de jus d'ananas et de limette procure un bel effet de couleur.

1 petite banane ou la moitié d'une grosse, pelée et tranchée
175 mL (3/4 tasse) de jus d'ananas refroidi
Jus d'une demi-limette, tamisé
Zeste de limette râpé finement
Torsade de zeste de limette
Petites fleurs

1. Mettre la banane et les jus de limette et d'ananas dans le mélangeur électrique et homogénéiser jusqu'à consistance lisse et crémeuse.
2. Verser le mélange dans un verre haut et saupoudrer avec du zeste de limette finement râpé.
3. Garnir le cocktail avec une torsade de zeste de limette et quelques petites fleurs colorées avant de servir.

COBBLER À L'ANANAS ET À LA CERISE

Cette boisson rafraîchissante à base de jus d'ananas et de limette est servie avec de l'ananas frais et des cerises fraîches.

Jus d'une limette
250 mL (1 tasse) de jus d'ananas refroidi
2 tranches d'ananas frais
4 à 6 cerises fraîches, dénoyautées

1. Verser le jus de limette au travers d'une passoire dans un grand verre, puis ajouter le jus d'ananas et bien remuer.
2. Couper l'ananas en dés, l'ajouter au mélange de jus et ajouter les cerises fraîches. Servir accompagné d'une cuillère à long manche.

Variantes
Cobbler à l'ananas et à la mangue. Remplacer les cerises par des dés de mangue. Suivre la même recette que précédemment.
Cobbler à l'ananas et à la pêche. Préparer la même recette en remplaçant les cerises par des dés de pêche. (Employés ainsi, les nectarines et les abricots font aussi de délicieux cocktails.)

LAIT FRAPPÉ À LA FRAISE

Ce succulent mélange de fraises, de lait et de miel est servi sur de la glace pilée.

8 fraises
175 mL (3/4 tasse) de lait
5 à 10 mL (1 à 2 c. à thé) de miel liquide
Glace pilée
Feuilles de fraisier ou brin de plante aromatique fraîche

1. Trier les fraises, les rincer dans une passoire et bien les égoutter. En réserver 2 belles pour la garniture.
2. Mettre les fraises qui restent dans le mélangeur électrique avec le lait et le miel et homogénéiser jusqu'à consistance lisse.
3. Tamiser le mélange pour en ôter les petites graines.
4. Remplir un grand verre à cocktail avec de la glace pilée. Verser le lait aux fraises sur la glace et garnir le cocktail avec les fraises réservées et des feuilles de fraisier ou un brin de plante aromatique fraîche.

Variante
Lait frappé à la fraise et à la crème. Dans la recette précédente, n'employer que 150 mL (2/3 tasse) de lait. Ajouter 30 mL (2 c. à table) de crème à 10 p. 100, homogénéiser et garnir comme précédemment.

COCKTAIL À LA FRAISE
ET À L'ORANGE

Ce mélange de fraises et de jus d'orange possède toute la saveur du soleil d'été.

6 fraises
175 mL (3/4 tasse) de jus d'orange frais, refroidi
Miel ou sucre de canne brut (facultatif)
Torsade de zeste d'orange
Petit parasol en papier

1. Trier les fraises, les rincer dans une passoire et bien les égoutter. En réserver 1 belle pour la garniture.
2. Mettre les fraises qui restent dans le mélangeur électrique. Ajouter le jus d'orange et homogénéiser jusqu'à consistance lisse. Goûter le mélange et, si nécessaire, ajouter du miel ou du sucre au goût et homogénéiser de nouveau.
3. Tamiser le mélange pour ôter les petites graines.
4. Verser le mélange dans un verre à cocktail, garnir avec la fraise réservée, une torsade de zeste d'orange et un petit parasol en papier et servir.

Variantes
Boisson frappée à la fraise et à l'orange. Préparer la même recette que précédemment et, après avoir tamisé le mélange, le verser dans un verre plein de glace pilée. Garnir comme précédemment et servir.
Cocktail à la fraise et à l'ananas. Préparer la même recette que précédemment, mais remplacer le jus d'orange par du jus d'ananas. Ajouter des feuilles de fraisier ou un brin de plante aromatique fraîche à la garniture. (Cette recette est tout aussi délicieuse si on la sert comme une boisson frappée aux fraises et à l'ananas en la versant dans un grand verre rempli de glace pilée.)

PUNCH À LA FRAISE

Ce délectable punch aux fruits frais est à base de jus d'ananas et de raisin mélangés à des fraises.

8 fraises
150 mL (2/3 tasse) de jus d'ananas refroidi
90 mL (3 oz) de jus de raisin blanc, refroidi
Morceaux d'ananas frais
Raisins verts sans pépins
Petit parasol en papier

1. Trier les fraises, les rincer dans une passoire et bien les égoutter. En réserver 2 pour la garniture.
2. Mettre les fraises qui restent dans le mélangeur électrique, ajouter les jus d'ananas et de raisin et homogénéiser jusqu'à consistance lisse.
3. Tamiser le mélange dans un grand verre pour ôter les petites graines.
4. Trancher les fraises qui restent et les ajouter au punch avec quelques morceaux d'ananas et quelques raisins.
5. Garnir le cocktail avec un petit parasol en papier aux couleurs vives et servir accompagné d'une cuillère à long manche.

COCKTAIL À L'ANANAS ET À LA NOIX DE COCO

Cette version sans alcool du piña colada est à base de lait de coco, d'ananas frais et de jus de limette.

175 mL (3/4 tasse) de Lait de coco (voir page 119), refroidi
50 mL (1/4 tasse) d'ananas frais, haché
5 mL (1 c. à thé) de jus de limette fraîchement pressé
Miel ou sucre de canne brut (facultatif)
Cerises ou quartier d'ananas frais

1. Verser le lait de coco et les jus d'ananas et de limette dans le mélangeur électrique et homogénéiser jusqu'à consistance lisse. Ajouter, si désiré, du miel ou du sucre au goût et homogénéiser de nouveau.
2. Au travers d'une passoire en nylon, tamiser le mélange dans un grand verre à pied.
3. Garnir le cocktail avec des cerises ou un quartier d'ananas frais et servir.

Variante
Cocktail à la mangue et à la noix de coco. Remplacer l'ananas haché par une demi-mangue et suivre la recette précédente en garnissant le cocktail avec des cerises et ou des dés de mangue.

LAIT BATTU À LA VANILLE ET À LA PÊCHE

Cette recette est un mélange particulièrement alléchant de lait à la vanille et de pêche fraîche.

1 pêche
250 mL (1 tasse) de Lait à la vanille (voir page 121), refroidi
Cerises
Torsade de zeste d'orange

1. Pour que la peau s'enlève plus facilement, faire blanchir la pêche en la plongeant dans l'eau bouillante pendant 30 secondes puis en la passant sous un jet d'eau froide. La peler, la couper en deux et la dénoyauter.
2. Mettre la pêche dans le mélangeur, ajouter le lait à la vanille et homogénéiser jusqu'à consistance lisse.
3. Verser le cocktail dans un grand verre et garnir avec quelques cerises confites et une torsade de zeste d'orange avant de servir.

Variante
Lait battu à la vanille et à la banane. Homogénéiser 1 banane pelée et tranchée avec 250 mL (1 tasse) de lait à la vanille. Garnir comme précédemment et servir. (Homogénéisés avec du lait à la vanille, l'abricot, la nectarine, la papaye et la poire sont tout aussi délicieux.)

VIE EN ROSE

Ce délectable cocktail rosé est un mélange de jus de raisin, de framboises, de yogourt et de miel.

125 mL (1/2 tasse) de framboises
175 mL (3/4 tasse) de jus de raisin rouge, refroidi
5 à 10 mL (1 à 2 c. à thé) de miel liquide
15 mL (1 c. à table) de yogourt nature
Petites fleurs roses ou blanches

1. Trier les framboises, les rincer dans une passoire et bien les égoutter.
2. Les verser dans le mélangeur électrique, ajouter le jus de raisin et le miel et homogénéiser jusqu'à consistance lisse.
3. Tamiser le mélange pour ôter les petites graines.
4. Réserver 5 mL (1 c. à thé) du mélange puis incorporer le yogourt dans ce qui reste en remuant bien.
5. Verser le cocktail dans un grand verre.
6. Avant de servir, verser le mélange de miel et de jus de raisin réservé en filet à la surface du liquide. Ce jus rouge fait un contraste attrayant avec la couleur rose foncé du cocktail qu'une garniture de quelques petites fleurs roses ou blanches rehausse parfaitement.

WAIKIKI KISS

Dans ce cocktail très exotique, la pulpe de l'ananas frais est mélangée avec du jus d'orange et servie dans sa propre écorce.

1 petit ananas mûr
125 à 150 mL (1/2 à 2/3 tasse) de jus d'orange fraîchement pressé, refroidi
Miel ou sucre de canne brut (facultatif)

1. Trancher le dessus de l'ananas et réserver la touffe de feuilles vertes pour la garniture.
2. Pour qu'il puisse tenir debout, couper une petite rondelle d'écorce dans le fond de l'ananas en veillant à ne pas percer la pulpe.
3. Avec un couteau bien aiguisé, évider l'ananas par le dessus en laissant une épaisseur de 1 cm sur le fond et les côtés de l'écorce afin que celle-ci soit assez résistante pour contenir du liquide.
4. Mettre la pulpe dans le mélangeur électrique et homogénéiser jusqu'à consistance lisse en ajoutant juste assez de jus d'orange pour que la consistance de la préparation la rende buvable. Goûter le mélange et, si désiré, sucrer avec un peu de miel ou de sucre et homogénéiser de nouveau.
5. Tamiser le cocktail et le verser dans l'écorce évidée.
6. Raccourcir la touffe terminale de feuilles et jeter celles qui ne sont pas bien vertes. Mettre des pailles dans l'ananas, reposer le couvercle de feuilles par-dessus et servir.

Variante
En préparant la même recette, la pulpe de l'ananas peut aussi être homogénéisée avec du lait refroidi, du yogourt nature ou du jus de raisin blanc.

PARADIS ROSE

Dans ce cocktail à la saveur paradisiaque, les fraises, le yogourt, le lait et le miel se mélangent merveilleusement.

4 à 6 fraises
125 mL (1/2 tasse) de yogourt nature, refroidi
50 mL (1/4 tasse) de lait refroidi
5 à 10 mL (1 à 2 c. à thé) de miel liquide

1. Trier les fraises, les rincer dans une passoire et bien les égoutter.
2. Mettre les fraises dans le mélangeur électrique, ajouter le yogourt, le lait et le miel et homogénéiser jusqu'à consistance lisse.
3. Pour ôter les petites graines des fraises, verser le mélange dans un verre à cocktail au travers des mailles d'une passoire et servir.

Variante
Préparer la même recette que précédemment en remplaçant les fraises par des framboises.

COCKTAIL À L'ANANAS, À LA PÊCHE ET AU YOGOURT

Ce cocktail est un mélange délicieusement nutritif de pêche, de jus d'ananas et de yogourt.

1 pêche
90 mL (3 oz) de jus d'ananas refroidi
90 mL (3 oz) de yogourt nature
Miel ou sucre de canne brut (facultatif)

1. Pour que la peau s'enlève plus facilement, faire blanchir la pêche en la plongeant dans l'eau bouillante pendant 30 secondes puis en la passant sous un jet d'eau froide. La peler, la couper en deux et la dénoyauter. En couper une tranche et la réserver pour la garniture.
2. Hacher grossièrement le reste de la pêche dans le mélangeur électrique et ajouter le jus d'ananas et le yogourt. Homogénéiser jusqu'à consistance lisse et, si désiré, sucrer au goût avec un peu de miel ou de sucre et homogénéiser de nouveau.
3. Verser dans un verre à cocktail, couper la tranche de pêche réservée en dés dont on garnira le cocktail avant de le servir.

Variante
En suivant la même recette, préparer un cocktail avec de l'abricot, de la nectarine, de la mangue ou de la papaye.

PUNCH SAINTE-LUCIE

En buvant ce délicieux cocktail composé de jus de limette, d'ananas et d'orange, garni de fruits frais et décoré de fleurs exotiques, laissez-vous transporter sous le ciel des Antilles et entendez le bruissement des feuilles de cocotier.

Jus d'une limette
125 mL (1/2 tasse) de jus d'ananas refroidi
125 mL (1/2 tasse) de jus d'orange fraîchement pressé, refroidi
1 tranche d'ananas frais
2 tranches de concombre, pelées
Raisins verts sans pépins
Boulettes de cantaloup
Petites fleurs

1. Mélanger les jus de limette, d'ananas et d'orange, puis les verser dans un grand verre au travers d'une passoire à cocktail.
2. Découper la moitié de la tranche d'ananas et 1 tranche de concombre en dés et les ajouter au mélange avec quelques raisins et quelques boulettes de melon.
3. Fendre le reste de la tranche d'ananas et la poser à cheval sur le bord du verre. Enfiler la tranche de concombre qui reste, quelques raisins et quelques dés de cantaloup sur un bâtonnet en bois et le piquer dans la moitié restante de tranche d'ananas. Compléter la décoration avec quelques petites fleurs aux couleurs vives. Servir accompagné d'une cuillère à long manche.

Variante
En employant le mélange des trois jus comme base, préparer le punch avec tous les fruits de saison disponibles en faisant en sorte qu'il soit le plus coloré et le plus rafraîchissant possible.

NECTAR TROPICAL

Ce cocktail à base de fruit de la passion, de papaye, de banane, de nectarine et de jus d'ananas rassemble toutes les saveurs des tropiques.

1 fruit de la passion
250 mL (1 tasse) de jus d'ananas refroidi
15 mL (1 c. à table) de papaye, pelée et coupée en dés
15 mL (1 c. à table) de banane, pelée et coupée en dés
15 mL (1 c. à table) de nectarine, pelée et coupée en dés
Bâtonnet de cœur d'ananas frais (voir page 38)

1. Couper le fruit de la passion en deux et, à la cuillère, ôter la pulpe et les graines.
2. Mettre la pulpe dans une passoire de nylon, verser le jus d'ananas par-dessus et bien l'écraser avec le dos d'une cuillère pour ôter les graines. Écraser la pulpe plusieurs fois de suite pour que tout l'arôme du fruit de la passion se retrouve dans le jus d'ananas et qu'il ne reste plus que des graines noires dans la passoire. Jeter les graines.
3. Verser le jus d'ananas aromatisé dans le mélangeur électrique et ajouter la papaye, la banane et la nectarine. Homogénéiser le tout jusqu'à consistance lisse.
4. Verser le cocktail dans un grand verre et servir en garnissant avec un bâtonnet de cœur d'ananas frais.

Variantes
Cette recette s'accommode très bien de tous les fruits exotiques. Utiliser le jus d'ananas aromatisé au fruit de la passion comme base et le mélanger avec les fruits exotiques disponibles (45 mL/3 c. à table) au total.

QUARTIER LATIN

L'abricot, la banane et le jus d'orange se marient agréablement pour réaliser ce succulent cocktail.

1 petit abricot
1/2 banane, pelée et tranchée
175 mL (3/4 tasse) de jus d'orange fraîchement pressé, tamisé et
    refroidi
Tranche d'orange
Petite fleur

1. Pour que la peau s'enlève plus facilement, faire blanchir
   l'abricot en le plongeant dans l'eau bouillante pendant
   30 secondes puis en le passant sous un jet d'eau froide.
   Le peler, le couper en deux et le dénoyauter.
2. Mettre l'abricot dans le mélangeur, ajouter la banane et
   le jus d'orange et homogénéiser jusqu'à consistance lisse
   et crémeuse.
3. Verser dans un grand verre à cocktail et garnir avec une
   tranche d'orange et une petite fleur de couleur vive
   avant de servir.

Variante
Remplacer le jus d'orange par du jus d'ananas ou un
mélange de jus d'orange et d'ananas et continuer avec la
même recette que précédemment.

WEDDING BELLE

Ce mélange de miel et de jus d'orange, d'ananas et de nectarine est allégé par du blanc d'œuf et garni d'une délicate petite fleur.

90 mL (3 oz) de jus d'orange fraîchement pressé, tamisé et refroidi
90 mL (3 oz) de jus d'ananas refroidi
1 nectarine
5 mL (1 c. à thé) de miel liquide
1/2 blanc d'œuf
Petite fleur blanche ou jaune

1. Verser le jus d'orange et d'ananas dans le mélangeur électrique.
2. Pour que la peau s'enlève plus facilement, faire blanchir la nectarine en la plongeant dans l'eau bouillante pendant 30 secondes puis en la passant sous un jet d'eau froide. La peler, la couper en deux et la dénoyauter.
3. Hacher grossièrement la nectarine dans le mélangeur, ajouter le miel et homogénéiser jusqu'à consistance lisse.
4. Verser le cocktail dans un grand verre — une flûte à champagne convient parfaitement.
5. Battre le blanc d'œuf en neige moyennement ferme puis, à la cuillère, en déposer suffisamment à la surface du liquide pour former un voile blanc. Garnir avec une petite fleur blanche ou jaune et servir.

Variante
Selon les préférences, préparer la même recette en remplaçant la nectarine par 1 pêche ou 1 abricot.

PUNCH À LA PASTÈQUE ET À L'ANANAS

Dans ce punch rafraîchissant, la pulpe juteuse de la pastèque est mélangée avec du jus d'ananas et garnie avec des quartiers d'ananas.

45 mL (3 c. à table) de pulpe de pastèque, épépinée et hachée
175 mL (3/4 tasse) de jus d'ananas refroidi
Morceaux d'ananas frais
Quartier de pastèque
Petit parasol en papier

1. Mettre la pulpe de pastèque et le jus d'ananas dans le mélangeur électrique et homogénéiser jusqu'à consistance lisse.
2. Verser le mélange dans un grand verre et ajouter les morceaux d'ananas.
3. Garnir le cocktail avec un quartier de pastèque et un petit parasol en papier. Servir accompagné d'une cuillère à cocktail.

Variante
Punch à la pastèque et à l'orange. Remplacer le jus d'ananas par du jus d'orange. Remplacer les dés d'ananas par des quartiers d'orange et garnir comme dans la recette précédente.

Légendes des photos:

Mon chéri (p. 63)
Mont-Blanc (p. 66)
Clair de lune (p. 70)
Coupe d'orange au yogourt (p. 78)
Wedding Belle (p. 95)
Punch Sainte-Lucie (p. 92)
Nectar tropical (p. 93)
Aube dorée (p. 109)

• 2 •
COCKTAILS AUX FRUITS SECS

Les fruits secs possèdent l'énorme avantage d'être disponibles tout au long de l'année. Ils sont extrêmement riches
en saveurs et gorgés de vitamines et de sels minéraux. De
plus, grâce à leur forte concentration en sucres naturels,
les cocktails qui en contiennent ont rarement besoin qu'on
leur ajoute du sucre.

Avant d'ajouter des fruits secs à un cocktail, il est
indispensable de les faire tremper pendant toute une nuit
dans du jus de fruit ou du lait pour les faire gonfler et
ramollir. L'arôme des cocktails aux fruits secs sera encore
renforcé si on ajoute une torsade de zeste de citron ou
d'orange, un bâtonnet de cannelle ou un morceau de
gousse de vanille au liquide de trempage. Le zeste de citron
convient parfaitement aux cocktails contenant des poires
ou des pommes séchées, alors que le zeste d'orange ou une
amande fendue en deux mais non mondée convient très
bien à ceux qui contiennent des abricots ou des pêches. La
cannelle et la vanille se marient parfaitement aux cocktails
à base de lait.

Il ne faut utiliser que des fruits secs souples et tendres
et éviter ceux qui sont trop secs ou dont la peau est très
ridée. Si le fruit est trop sec — un signe de vieillissement —,
il ne ramollira pas complètement pendant le trempage et il
sera plus difficile à homogénéiser. Il faut aussi toujours
couvrir les fruits et leur liquide de trempage avec de la pelli-
cule plastique afin de préserver leur arôme. Cette précau-
tion évitera aussi aux odeurs pouvant être enfermées dans le
réfrigérateur de se communiquer au liquide de trempage.

Il existe à peu près autant de combinaisons possibles pour les cocktails à base de fruits secs que pour ceux à base de fruits frais et, là encore, la créativité et l'expérimentation constituent les clés du succès. Parce qu'ils sont simples à se procurer et grâce à leur facilité de conservation et de préparation, les fruits secs permettent de créer de nombreuses variantes. Gardez-en toujours dans votre armoire à provisions et vous pourrez ainsi créer des cocktails aux fruits délicieux et nourrissants en un clin d'œil.

ALHAMBRA

Ce délectable mélange de pêche et d'abricot secs, de jus de fruit de la passion, d'ananas et d'orange est surmonté d'une belle collerette de blanc d'œuf battu en neige.

125 mL (1/2 tasse) de jus d'ananas
125 mL (1/2 tasse) de jus d'orange fraîchement pressé
1/2 fruit de la passion
1 pêche séchée
2 abricots secs
1/2 blanc d'œuf

1. Mélanger les jus d'orange et d'ananas.
2. À la cuillère, évider le fruit de la passion de sa pulpe et de ses graines et les ajouter au mélange de jus.
3. Laisser gonfler pendant toute une nuit la pêche et les abricots dans le mélange de jus.
4. Verser les jus dans le mélangeur électrique et ajouter les fruits secs ramollis.
5. Mettre la pulpe du fruit de la passion dans une passoire de nylon et bien l'écraser avec le dos d'une cuillère pour ôter les graines et extraire tout le jus. Jeter les graines.
6. Homogénéiser les fruits secs et les jus jusqu'à consistance lisse.
7. Tamiser le mélange et le verser dans un verre haut.
8. Battre le blanc d'œuf en neige moyennement ferme puis, à la cuillère, le déposer à la surface du liquide et le laisser flotter pour créer un joli contraste avec la couleur dorée du cocktail.
9. Garnir avec une petite fleur jaune ou blanche et servir.

LAIT BATTU À LA POMME ET À LA FIGUE

Pour préparer ce cocktail aussi succulent que nutritif, la figue et les rondelles de pomme séchées sont d'abord mises à tremper dans du lait avec un zeste de citron.

1 figue séchée
4 rondelles de pomme séchées de taille moyenne
Fine lanière de zeste de citron
250 mL (1 tasse) de lait
Zeste de citron finement râpé
Torsade de zeste de citron

1. Laisser gonfler la figue et les rondelles de pomme dans le lait pendant toute la nuit avec la lanière de zeste de citron.
2. Ôter la lanière de zeste, verser les fruits et le lait dans le mélangeur électrique et homogénéiser le tout jusqu'à consistance lisse.
3. À travers les mailles de la passoire, verser le mélange dans un verre haut. Saupoudrer avec du zeste de citron finement râpé.
4. Garnir avec une torsade de zeste de citron et servir.

Variante
Lait battu à la poire et à la figue. Préparer la recette précédente en remplaçant les rondelles de pomme séchées par une demi-poire séchée.

COCKTAIL À LA POMME ET AU RAISIN

Les douces saveurs de la pomme et du raisin sont parfaitement assorties dans ce succulent cocktail.

6 rondelles de pomme séchées de taille moyenne
250 mL (1 tasse) de jus de raisin blanc
Petite grappe de raisins verts sans pépins

1. Laisser gonfler les rondelles de pomme pendant toute la nuit dans le jus de raisin.
2. Verser la pomme et le jus dans le mélangeur électrique et homogénéiser jusqu'à consistance lisse.
3. Servir le cocktail dans un verre haut en garnissant avec une petite grappe de raisins verts.

Variante
Cocktail à la pomme, au raisin et au yogourt. Préparer la même recette que précédemment mais, après l'homogénéisation, laisser flotter 15 mL (1 c. à table) de yogourt à la surface du cocktail et garnir de la même manière.

LAIT BATTU À LA POMME ET AUX RAISINS SULTANA

Une pointe de cannelle aromatise cet agréable mélange de pommes séchées, de raisins Sultana et de miel.

4 rondelles de pomme séchées
Une petite poignée de raisins Sultana (10 à 12)
Bâton de cannelle de 2,5 cm (1 po) de longueur
250 mL (1 tasse) de lait
Torsade de zeste d'orange

1. Laisser tremper les rondelles de pomme, les raisins Sultana et le bâton de cannelle pendant toute la nuit dans le lait.
2. Ôter et jeter la cannelle, verser les autres ingrédients dans le mélangeur électrique et homogénéiser jusqu'à consistance lisse.
3. Verser le mélange dans un verre haut au travers des mailles d'une passoire. Garnir avec un zeste d'orange bien coloré et servir.

Variante
Lait battu à la pomme et aux raisins secs. Remplacer les raisins Sultana par des raisins secs sans pépins et préparer la même recette que précédemment.

COCKTAIL À L'ABRICOT, À L'ORANGE ET AU YOGOURT

Dans ce cocktail savoureux, un délicieux mélange d'abricot sec et de jus d'orange se marie agréablement au yogourt.

2 abricots secs de taille moyenne ou 3 petits
250 mL (1 tasse) de jus d'orange
15 mL (1 c. à table) de yogourt nature
Zeste d'orange finement râpé
Torsade de zeste d'orange

1. Laisser tremper les abricots pendant toute la nuit dans le jus d'orange.
2. Verser les abricots et le jus d'orange dans le mélangeur électrique et homogénéiser le tout jusqu'à consistance lisse.
3. Ajouter le yogourt, homogénéiser de nouveau et verser dans un grand verre.
4. Saupoudrer le cocktail de zeste d'orange finement râpé et le garnir avec une torsade de zeste d'orange avant de servir.

Variante
Cocktail à l'abricot, à l'ananas et au yogourt. Remplacer le jus d'orange par du jus d'ananas et suivre la recette originale.

WESTERN PROMISE

Ce cocktail chaudement coloré contient toutes les saveurs exotiques du jus de mandarine et des abricots.

3 abricots secs de taille moyenne ou 4 petits
Fine lanière de zeste de mandarine
250 mL (1 tasse) de jus de mandarine fraîchement pressé
Petite fleur

1. Laisser tremper les abricots et le zeste de mandarine dans le jus de mandarine pendant toute la nuit.
2. Ôter et jeter le zeste de mandarine, verser les abricots et le jus dans le mélangeur électrique et homogénéiser le tout jusqu'à consistance lisse.
3. Au travers des mailles d'une passoire, verser le cocktail dans un grand verre.
4. Garnir avec une petite fleur exotique et servir.

Variante
Remplacer les abricots par des pêches séchées et préparer la même recette que précédemment.

MONTSERRAT

Ce mélange crémeux et doux d'abricots secs et de lait est relevé par une légère saveur d'amande.

3 abricots secs de taille moyenne ou 4 petits
250 mL (1 tasse) de lait
2 amandes entières, non mondées
Zeste d'orange finement râpé
Torsade de zeste d'orange
Petite fleur

1. Plonger les abricots dans le lait. Fendre les amandes en deux, les ajouter au lait et les laisser tremper pendant toute la nuit. (Cette façon de faire donnera une délicate saveur d'amande au cocktail.)
2. Ôter et jeter les amandes, verser les abricots et le lait dans le mélangeur électrique et homogénéiser jusqu'à consistance lisse et crémeuse.
3. Au travers des mailles d'une passoire, verser le mélange dans un grand verre.
4. Saupoudrer le cocktail avec une pincée de zeste d'orange finement râpé, le garnir avec une torsade de zeste d'orange et le décorer avec une petite fleur aux couleurs vives.

PARIS BY NIGHT

La poire séchée, le jus de fruit de la passion et le lait se combinent délicieusement dans la préparation de ce cocktail très aromatisé.

2 moitiés de poire séchée
Fine lanière de zeste d'orange
250 mL (1 tasse) de lait
1/2 fruit de la passion
Tranche d'orange
Petite fleur

1. Mettre les moitiés de poire et la lanière de zeste d'orange dans le lait.
2. À la cuillère, ôter la pulpe et les graines du fruit de la passion, les ajouter au lait et aux poires et laisser tremper pendant toute la nuit.
3. Au travers des mailles d'une passoire, verser le lait dans le mélangeur électrique, ajouter les poires et bien écraser la pulpe du fruit de la passion avec le dos d'une cuillère pour séparer les graines du jus. Ôter et jeter les graines et le zeste d'orange.
4. Homogénéiser le mélange jusqu'à consistance lisse.
5. Tamiser le cocktail dans un verre haut, garnir avec une tranche d'orange, décorer avec une petite fleur aux couleurs vives et servir.

COCKTAIL À LA PÊCHE
ET À L'ANANAS

Ce succulent cocktail offre l'odeur de la pêche lentement mûrie par le soleil.

2 pêches séchées de taille moyenne ou 3 petites
250 mL (1 tasse) de jus d'ananas
Torsade de zeste d'orange
Petit parasol de papier

1. Faire tremper les pêches dans le jus d'ananas pendant toute la nuit.
2. Verser les fruits et le jus dans le mélangeur électrique et homogénéiser jusqu'à consistance lisse.
3. Au travers des mailles d'une passoire, verser le mélange dans un grand verre, garnir avec un zeste d'orange et un petit parasol en papier de couleur vive et servir.

Variante
Boisson frappée à la pêche et à l'ananas. Préparer la même recette que précédemment mais, après l'homogénéisation, verser dans un verre rempli de glace pilée et servir.

AUBE DORÉE

Ce cocktail alléchant à base de poire séchée et de jus d'ananas et d'orange est surmonté de blanc d'œuf en neige nappé de sirop d'érable.

175 mL (3/4 tasse) de jus d'ananas
50 mL (1/4 tasse) de jus d'orange fraîchement pressé
2 moitiés de poire séchée
Fine lanière de zeste d'orange
1/2 blanc d'œuf
5 mL (1 c. à thé) de sirop d'érable
Petite fleur

1. Mélanger les jus d'orange et d'ananas.
2. Laisser tremper les poires et le zeste d'orange dans le mélange pendant toute la nuit.
3. Ôter et jeter le zeste d'orange, verser les autres ingrédients dans le mélangeur électrique et homogénéiser jusqu'à consistance lisse. (Ajouter un peu de jus d'ananas si le mélange est trop épais.)
4. Au travers des mailles d'une passoire, verser le liquide dans un grand verre.
5. Battre le blanc d'œuf en neige moyennement ferme et, à la cuillère, le déposer à la surface du liquide.
6. Juste avant de servir, napper le blanc d'œuf avec le sirop d'érable. Garnir avec une petite fleur.

LAIT BATTU À LA PÊCHE SÉCHÉE ET À LA VANILLE

Dans cette succulente recette, des pêches séchées sont mélangées à du lait aromatisé à la vanille.

2 pêches séchées de taille moyenne ou 3 petites
1/2 gousse de vanille, fendue en deux
250 mL (1 tasse) de lait
Torsade de zeste d'orange

1. Laisser tremper les pêches et la vanille dans le lait pendant toute la nuit.
2. Ôter et jeter la vanille, verser les pêches et le lait dans le mélangeur électrique et homogénéiser le tout jusqu'à consistance lisse.
3. Au travers des mailles d'une passoire, verser le mélange dans un grand verre, garnir le cocktail avec un zeste d'orange bien coloré et servir.

Variante
Lait battu à la poire et à la vanille. Préparer la même recette que précédemment, mais remplacer les pêches par 2 moitiés de poire et garnir avec un zeste de citron.

COCKTAIL À LA POIRE ET À LA POMME

Dans ce cocktail rafraîchissant et fruité, la poire séchée est mélangée avec du jus de pomme.

2 moitiés de poire séchée
Fine lanière de zeste de citron
250 mL (1 tasse) de jus de pomme
Petite fleur jaune ou blanche

1. Laisser tremper les moitiés de poire et le zeste de citron dans le jus de pomme pendant toute la nuit.
2. Ôter et jeter le zeste de citron, verser les fruits et le jus dans le mélangeur électrique et homogénéiser jusqu'à consistance lisse.
3. Au travers des mailles d'une passoire, verser le mélange dans un verre haut. Pour lui apporter un peu de couleur, garnir le cocktail avec une petite fleur jaune ou blanche et servir.

LAIT BATTU À LA POIRE ET AU CITRON

Ce mélange crémeux de poires séchées et de lait est légèrement acidulé par du jus et du zeste de citron.

2 moitiés de poire séchée
Fine lanière de zeste de citron
250 mL (1 tasse) de lait
10 mL (2 c. à thé) de jus de citron fraîchement pressé
Zeste de citron finement râpé
Torsade de zeste de citron

1. Laisser tremper les poires et la lanière de zeste de citron dans le lait pendant toute la nuit. (Le zeste va ainsi pouvoir aromatiser le lait.)
2. Ôter et jeter le zeste et verser les poires et le lait dans le mélangeur électrique.
3. Ajouter le jus de citron et homogénéiser jusqu'à consistance lisse et mousseuse, en ajoutant un peu de lait si le liquide est trop épais.
4. Au travers des mailles d'une passoire, verser le mélange dans un grand verre.
5. Saupoudrer le cocktail avec du zeste de citron finement râpé, garnir avec une torsade de zeste de citron bien coloré et servir.

LAIT FRAPPÉ À L'ANANAS

Dans ce lait frappé très rafraîchissant, l'ananas est d'abord mélangé au lait avant d'être versé sur de la glace pilée et saupoudré de zeste d'orange râpé.

6 morceaux d'ananas sec
Fine lanière de zeste d'orange
250 mL (1 tasse) de lait
Glace pilée
Zeste d'orange finement râpé
Torsade de zeste d'orange
Petite fleur jaune

1. Laisser tremper les ananas et la lanière de zeste d'orange dans le lait pendant toute la nuit.
2. Ôter et jeter le zeste, verser les ananas et le lait dans le mélangeur électrique et homogénéiser le tout jusqu'à consistance lisse.
3. Remplir un grand verre avec de la glace pilée et y verser le mélange au travers des mailles d'une passoire.
4. Saupoudrer le cocktail avec du zeste d'orange finement râpé, garnir avec un zeste d'orange bien coloré, décorer avec une petite fleur jaune et servir.

SÉVILLE

Ce cocktail à l'arôme subtil est à base d'abricots secs et de fruit de la passion mélangés à du jus d'orange.

3 abricots secs de taille moyenne ou 4 petits
250 mL (1 tasse) de jus d'orange fraîchement pressé
1/2 fruit de la passion
Torsade de zeste d'orange
Petite fleur

1. Mettre les abricots à tremper dans le jus d'orange.
2. À la cuillère, évider le fruit de la passion de sa pulpe et de ses graines, les ajouter au mélange de jus et d'abricots et laisser tremper pendant toute une nuit.
3. Verser les jus dans le mélangeur électrique et ajouter les abricots ramollis. Mettre la pulpe du fruit de la passion dans une passoire de nylon et bien l'écraser avec le dos d'une cuillère pour ôter les graines et extraire tout le jus. Jeter les graines.
4. Homogénéiser le tout jusqu'à consistance lisse.
5. Au travers des mailles d'une passoire, verser le cocktail dans un grand verre, garnir avec une torsade de zeste d'orange, décorer avec une petite fleur aux couleurs vives et servir.

SHANGRI-LA

Ce cocktail exotique et coloré à base d'abricots secs et de jus d'orange est surmonté de blanc d'œuf en neige nappé de coulis de framboise au miel.

3 abricots secs de taille moyenne ou 4 petits
Fine lanière de zeste d'orange
250 mL (1 tasse) de jus d'orange fraîchement pressé
30 mL (2 c. à table) de framboises, triées et rincées
2 mL (1/2 c. à thé) de miel liquide
1/2 blanc d'œuf
Petite fleur

1. Laisser tremper les abricots et le zeste d'orange dans le jus d'orange pendant toute la nuit.
2. Ôter et jeter le zeste, verser les fruits et le jus dans le mélangeur électrique et homogénéiser le tout jusqu'à consistance lisse. Tamiser le mélange.
3. Réduire les framboises en purée en les pressant à la cuillère au travers des mailles d'une passoire. Ajouter le miel et bien mélanger le coulis.
4. Battre le blanc d'œuf en neige moyennement ferme.
5. Verser le mélange d'abricots et de jus d'orange dans un verre haut. À la cuillère, déposer le blanc d'œuf en neige à la surface du liquide puis napper avec le coulis de framboise.
6. Garnir le cocktail avec une petite fleur exotique et servir accompagné d'une cuillère à long manche.

Note: Utiliser des framboises surgelées si les framboises fraîches sont trop difficiles à se procurer.

MARIAGE TAHITIEN

Dans ce cocktail alléchant et coloré, la papaye séchée est mélangée avec du lait, recouverte de blanc d'œuf en neige et nappée de coulis de fraise au miel.

45 g (1/3 tasse) de papaye séchée
2 amandes entières, non mondées, fendues en deux
250 mL (1 tasse) de lait
1/2 blanc d'œuf
2 fraises, rincées et équeutées
2 mL (1/2 c. à thé) de miel liquide
Petite fleur

1. Laisser tremper la papaye et les amandes dans le lait pendant toute la nuit.
2. Ôter et jeter les amandes, verser la papaye et le lait dans le mélangeur électrique et homogénéiser jusqu'à consistance lisse. Au travers des mailles d'une passoire, verser dans un grand verre.
3. Battre le blanc d'œuf en neige moyennement ferme puis, à la cuillère, le déposer à la surface du liquide et le laisser flotter.
4. Réduire les fraises en purée au travers des mailles d'une passoire. Ajouter le miel et bien mélanger.
5. Juste avant de servir, napper le blanc d'œuf en neige avec le coulis et garnir le cocktail avec une petite fleur exotique. Servir accompagné d'une cuillère à long manche.

Note: Utiliser des framboises surgelées si les framboises fraîches sont trop difficiles à se procurer.

• 3 •
LAITS AROMATISÉS

LAIT D'AMANDE

115 g (3/4 tasse) d'amandes entières, non mondées
625 mL (2 1/2 tasses) de lait

1. Pour que leur pelure s'enlève plus facilement, plonger d'abord les amandes dans l'eau bouillante.
2. Dans un mortier et avec un pilon, concasser finement les amandes.
3. Faire chauffer le lait sans le laisser bouillir, puis le verser sur les amandes.
4. Couvrir le récipient et laisser infuser de 1 1/2 à 2 heures en remuant de temps à autre.
5. Tamiser le lait aromatisé aux amandes à travers une mousseline, replier le carré de tissu et le tordre énergiquement pour bien extraire tout le lait. Jeter les amandes.
6. Conserver le lait d'amande au réfrigérateur jusqu'au moment de l'utiliser.

Note: Le lait d'amande peut aussi être préparé avec des amandes concassées, mais il sera moins aromatisé. Il constitue une base délicieuse pour les cocktails aux fruits frais et se mélange particulièrement bien avec les abricots, les nectarines, les pêches et les poires.

LAIT DE COCO

1 noix de coco fraîche
500 mL (2 tasses) d'eau bouillante

1. Percer deux trous dans la noix de coco et vider le liquide qu'elle contient. Réserver.
2. Poser la noix de coco sur une surface rigide en mettant les trous vers le bas et la fendre en deux avec un marteau. Ôter la pulpe de l'intérieur de la coquille et la râper grossièrement. (Pour préparer du lait ou de la crème de coco, il est inutile d'ôter la membrane brune qui entoure la pulpe.)
3. Mettre la pulpe râpée dans un grand bol et verser le liquide réservé par-dessus. Ajouter l'eau bouillante et laisser infuser pendant environ 1 heure.
4. Tamiser le lait aromatisé à la noix de coco à travers une mousseline, replier le carré de tissu et le tordre énergiquement pour bien extraire tout le lait. Jeter la pulpe.
5. Conserver le lait de coco au réfrigérateur jusqu'au moment de l'utiliser.

Note: Pour obtenir un lait à la saveur moins prononcée, augmenter la quantité d'eau bouillante utilisée pour faire infuser la pulpe de noix de coco. Si vous préférez, vous pouvez aussi préparer du lait de coco en laissant infuser la pulpe dans du lait de vache bouillant.

CRÈME DE COCO

Préparer la même recette que précédemment, mais laisser reposer pendant toute la nuit. La crème de coco va se séparer du reste du liquide en remontant à la surface. Ôter la crème sur le dessus du lait et la conserver au réfrigérateur jusqu'au moment de l'utilisation. Servir avec des desserts ou utiliser dans des cocktails de fruits.

LAIT D'AVOINE

625 mL (2 1/2 tasses) de lait entier ou de lait écrémé
45 mL (3 c. à table) de flocons d'avoine
Miel ou sucre de canne brut (facultatif)

1. Mélanger le lait et les flocons d'avoine dans une casserole et amener lentement à ébullition.
2. Diminuer le feu et laisser mijoter pendant 2 à 3 minutes sans cesser de remuer, jusqu'à ce que le mélange épaississe.
3. Ôter du feu et laisser refroidir.
4. Verser le mélange refroidi dans le mélangeur électrique et homogénéiser jusqu'à consistance lisse. Si le mélange est trop épais, le diluer en ajoutant un peu de lait.
5. Tamiser le lait d'avoine avec une passoire en nylon et le sucrer, si désiré, avec un peu de miel ou de sucre.
6. Le conserver au réfrigérateur jusqu'au moment de l'utilisation.

LAIT DE SOJA

125 mL (1/2 tasse) de haricots de soja secs
1,25 L (5 tasses) d'eau
Bâton de cannelle ou gousse de vanille fendue en deux (facultatif)

1. Mettre les haricots de soja dans suffisamment d'eau pour le recouvrir et laisser tremper pendant toute la nuit.
2. Jeter l'eau de trempage et rincer les haricots de soja dans une passoire.
3. Mettre les haricots de soja dans le mélangeur électrique avec 1,25 L (5 tasses) d'eau et homogénéiser jusqu'à l'obtention d'un mélange blanc et crémeux.
4. Vider le contenu du mélangeur dans une casserole et amener lentement à ébullition. Diminuer le feu et laisser mijoter pendant 25 minutes en ajoutant, si désiré, un bâton de cannelle ou une gousse de vanille pour aromatiser.

5. Tamiser le lait de soja à travers une mousseline, replier le carré de tissu et le tordre énergiquement pour bien extraire tout le lait.
6. Le conserver au réfrigérateur jusqu'au moment de l'utilisation.

LAIT À LA VANILLE

1 gousse de vanille, fendue en deux
625 mL (2 1/2 tasses) de lait

1. Mettre le lait et la vanille dans une casserole et faire chauffer jusqu'au point d'ébullition.
2. Ôter du feu, couvrir et laisser refroidir.
3. Lorsque le lait a refroidi, le mettre au réfrigérateur pour qu'il infuse pendant au moins 2 heures ou au goût. Plus la vanille reste longtemps dans le lait et plus sa saveur est prononcée.

Note: Pour préparer du lait à la vanille, vous pouvez utiliser du lait de vache ordinaire, du lait écrémé ou du lait de soja (voir recette à la page 120). Ce lait constitue une base délicieuse pour préparer des cocktails de fruits frais, surtout si la gousse de vanille a trempé toute une nuit, ce qui donne un arôme très prononcé.

INDEX

A

Abricot
Cocktail à l'abricot, à la fraise et au yogourt, 21
Cocktail à l'abricot, à la mangue et au yogourt, 21
Cocktail à l'abricot, à la nectarine et au yogourt, 21
Cocktail à l'abricot et à l'amande, 20
Cocktail à l'abricot et au lait d'avoine, 60
Fleur d'abricot, 23
Fleur d'abricot au yogourt, 23
Alhambra, 100
Almeria, 18
Ananas
Boisson frappée à l'ananas et au fruit de la passion, 74
Cobbler à l'ananas et à la cerise, 82
Cobbler à l'ananas et à la mangue, 82
Cobbler à l'ananas et à la pêche, 82
Cobbler à l'ananas et au concombre, 70
Cocktail à l'ananas, à la pêche et au yogourt, 91
Cocktail à l'ananas et à la noix de coco, 86
Cocktail à l'ananas et au concombre, 70
Lait frappé à l'ananas, 113
Pineapple Alaska, 69
Aube dorée, 109
Aube sur la mer Égée, 14

B

Banane
Cocktail à la banane et au babeurre, 62
Cocktail à la banane et au lait d'avoine, 60
Cocktail à la banane Melba, 61
Lait battu à la banane, à l'abricot et à l'érable, 25

Lait battu à la banane et à l'érable, 25
Lait de soja battu à la banane et au miel, 26
Beauté italienne, 44
Bella Vista, 26
Boisson frappée à la fraise et à l'orange, 84
Boisson frappée à la mandarine et à la limette, 49
Boisson frappée à la mandarine et à la pêche, 49
Boisson frappée à la mangue et à l'ananas, 50
Boisson frappée à la mangue et à l'orange, 50
Boisson frappée à l'ananas et au fruit de la passion, 74
Boisson frappée à la pêche et à l'ananas, 108
Boisson frappée à l'orange et au fruit de la passion, 74
Boisson marbrée à la fraise, 76
Boisson marbrée à la framboise, 76
Boisson marbrée à la mûre, 76
Bougainvillier, 24
Buck's Sparkle, 24
Bulles exotiques, 42

C

California Dreaming, 27
Canaries Flip, 30
«Champagne rosé», 63
Champs-Élysées, 32
Clair de lune, 70
Cloud Nine, 33
Cobbler à l'ananas et à la cerise, 82
Cobbler à l'ananas et à la mangue, 82
Cobbler à l'ananas et à la pêche, 82
Cobbler à l'ananas et au concombre, 70
Cobbler à la papaye et à la banane, 57
Cobbler à la papaye et à la fraise, 57

Cobbler à la papaye et à la
  nectarine, 57
Cobbler au melon, 40
Cocktail à la banane et au
  babeurre, 62
Cocktail à la banane et au lait
  d'avoine, 60
Cocktail à la banane Melba, 61
Cocktail à l'abricot, à la fraise et
  au yogourt, 21
Cocktail à l'abricot, à la mangue et
  au yogourt, 21
Cocktail à l'abricot, à l'ananas et
  au yogourt, 104
Cocktail à l'abricot, à la nectarine
  et au yogourt, 21
Cocktail à l'abricot, à l'orange et
  au yogourt, 104
Cocktail à l'abricot et à l'amande,
  20
Cocktail à l'abricot et au lait
  d'avoine, 60
Cocktail à la fraise et à l'ananas,
  84
Cocktail à la fraise et à l'orange,
  84
Cocktail à la framboise et à
  l'ananas, 75
Cocktail à la framboise et à
  l'orange, 75
Cocktail à la mangue et à la noix
  de coco, 86
Cocktail à l'ananas, à la pêche et
  au yogourt, 91
Cocktail à l'ananas et à la noix de
  coco, 86
Cocktail à l'ananas et au
  concombre, 70
Cocktail à la nectarine Melba, 61
Cocktail à la pêche et à l'ananas,
  108
Cocktail à la pêche et au lait
  d'avoine, 60
Cocktail à la pêche Melba, 61
Cocktail à la poire et à la
  mandarine, 71
Cocktail à la poire et à l'ananas,
  71
Cocktail à la poire et à la pomme,
  111
Cocktail à la poire et au babeurre,
  62

Cocktail à la pomme, à la banane
  et au yogourt, 15
Cocktail à la pomme, à la fraise et
  au yogourt, 15
Cocktail à la pomme, à l'ananas et
  au yogourt, 15
Cocktail à la pomme, au raisin et
  au yogourt, 102
Cocktail à la pomme et à la
  framboise, 16
Cocktail à la pomme et au cassis,
  16
Cocktail à la pomme et au raisin,
  102
Cocktail à l'orange et à la carotte,
  78
Cocktail au kaki, à la mandarine et
  au yogourt, 68
Cocktail au kaki, à l'ananas et au
  yogourt, 68
Cocktail au kaki, à l'orange et au
  yogourt, 68
Cocktail au kaki et à la mandarine,
  68
Cocktail des mers du Sud, 81
Cocktail glacé au citron et au miel,
  41
Cooler à la mangue et à la limette,
  51
Cooler à la mangue et au citron,
  51
Coucher de soleil à Bali, 22
Coupe à la poire, 34
Coupe d'orange au yogourt, 78
Crème de coco, 119

E
El Dorado, 39

F
Fleur d'abricot, 23
Flip au citron et au miel, 46
Fraise
    Boisson frappée à la fraise et à
      la crème, 83
    Boisson frappée à la fraise et à
      l'orange, 84
    Boisson marbrée à la fraise, 76
    Cocktail à la fraise et à
      l'ananas, 84
    Cocktail à la fraise et à l'orange,
      84

Lait frappé à la fraise, 83
Punch à la fraise, 85
Framboise
   Boisson marbrée à la
     framboise, 76
   Cocktail à la framboise et à
     l'ananas, 75
   Cocktail à la framboise et à
     l'orange, 75
Fruit de la passion
   Lait battu au fruit de la passion
     et à l'ananas, 65
   Lait battu au fruit de la passion
     et à la pêche, 65

G
Guadalajara, 37

H
Hawaii Beach, 38
Highball à la limette et à la fleur
  d'oranger, 47
Highball à la limette et au miel,
  46
Highland Glen, 40

I
Îles de Capri, 43

J
Jade, 47
Jamaican Fresco, 48

K
Kaki
   Cocktail au kaki, à la
     mandarine et au yogourt, 68
   Cocktail au kaki, à l'ananas et
     au yogourt, 68
   Cocktail au kaki, à l'orange et
     au yogourt, 68
   Cocktail au kaki et à la
     mandarine, 68

L
Lait à la vanille, 121
Lait battu à la banane, à l'abricot
  et à l'érable, 25
Lait battu à la banane et à l'érable,
  25
Lait battu à la nectarine et à la
  fraise, 53

Lait battu à la nectarine et à la
  framboise, 53
Lait battu à la pêche séchée et à la
  vanille, 110
Lait battu à la poire et à la figue, 101
Lait battu à la poire et au citron,
  112
Lait battu à la pomme et à la figue,
  101
Lait battu à la pomme et à la
  framboise, 17
Lait battu à la pomme et à la
  nectarine, 17
Lait battu à la pomme et à la
  poire, 17
Lait battu à la pomme et aux
  raisins secs, 103
Lait battu à la pomme et aux
  raisins Sultana, 103
Lait battu à la vanille et à la
  banane, 87
Lait battu à la vanille et à la pêche,
  87
Lait battu au fruit de la passion et
  à l'ananas, 65
Lait battu au fruit de la passion et
  à la pêche, 65
Lait d'amande, 118
Lait d'avoine, 120
Lait de coco, 118
Lait de soja, 120
Lait de soja battu à la banane et
  au miel, 26
Lait de soja battu à la mangue, 55
Lait frappé à la fraise, 83
Lait frappé à la fraise et à la
  crème, 83
Lait frappé à l'ananas, 113
Lune de miel, 45

M
Magie noire, 29
Mandarine
   Boisson frappée à la mandarine
     et à la limette, 49
   Boisson frappée à la mandarine
     et à la pêche, 49
Mangue
   Boisson frappée à la mangue et
     à l'ananas, 50
   Boisson frappée à la mangue et
     à l'orange, 50

Cocktail à la mangue et à la
noix de coco, 86
Cooler à la mangue et à la
limette, 51
Cooler à la mangue et au citron,
51
Lait de soja battu à la mangue, 55
Mariage tahitien, 116
Melon
Cobbler au melon, 40
Cobbler au melon et à la
banane, 41
Cobbler au melon et à l'ananas,
41
Melon magique, 58
Mon chéri, 63
Mont-Blanc, 66
Montmartre, 67
Montserrat, 106
Moulin rouge, 52

N
Nectarine
Cocktail à la nectarine Melba,
61
Fleur de nectarine, 23
Lait battu à la nectarine et à la
fraise, 53
Lait battu à la nectarine et à la
framboise, 53
Nectar tropical, 93
Noix de coco Copacabana, 35

O
Orange
Boisson frappée à l'orange et au
fruit de la passion, 74
Cocktail à l'orange et à la
carotte, 78
Coupe d'orange au yogourt, 78
Punch à l'orange et à l'ananas,
54
Punch à l'orange et au
pamplemousse, 54

P
Palm Beach, 56
Papaye
Cocktail à la papaye et à la
banane, 57
Cocktail à la papaye et à la
fraise, 57

Cocktail à la papaye et à la
nectarine, 57
Paradiso, 64
Paradis rose, 90
Parfait amour, 73
Paris by Night, 107
Pastèque
Punch à la pastèque et à
l'ananas, 96
Punch à la pastèque et à
l'orange, 96
Pêche
Boisson frappée à la pêche et à
l'ananas, 108
Cocktail à la pêche et à
l'ananas, 108
Cocktail à la pêche et au lait
d'avoine, 60
Cocktail à la pêche Melba, 61
Fleur de pêche, 23
Lait battu à la pêche séchée et à
la vanille, 110
Perle d'Orient, 72
Pineapple Alaska, 69
Poire
Cocktail à la poire et à la
mandarine, 71
Cocktail à la poire et à l'ananas,
71
Cocktail à la poire et à la
pomme, 111
Cocktail à la poire et au
babeurre, 62
Lait battu à la poire et à la
figue, 101
Lait battu à la poire et à la
vanille, 110
Lait battu à la poire et au
citron, 112
Pomme
Cocktail à la pomme, à la
banane et au yogourt, 15
Cocktail à la pomme, à la fraise
et au yogourt, 15
Cocktail à la pomme, à l'ananas
et au yogourt, 15
Cocktail à la pomme, au raisin
et au yogourt, 102
Cocktail à la pomme et à la
framboise, 17
Cocktail à la pomme et au
cassis, 16

Cocktail à la pomme et au
  raisin, 102
Lait battu à la pomme et à la
  figue, 101
Lait battu à la pomme et à la
  framboise, 17
Lait battu à la pomme et à la
  nectarine, 17
Lait battu à la pomme et à la
  poire, 17
Lait battu à la pomme et aux
  raisins secs, 103
Lait battu à la pomme et aux
  raisins Sultana, 103
Punch à la pomme et à l'orange,
  19
Punch à la camomille et aux fruits,
  28
Punch à la fraise, 85
Punch à la pastèque et à l'ananas,
  96
Punch à la pastèque et à l'orange,
  96
Punch à la pomme et à l'orange,
  19
Punch à l'orange et à l'ananas, 54
Punch à l'orange et au
  pamplemousse, 54
Punch Sainte-Lucie, 92

Q
Quartier latin, 94

R
Rêve des Caraïbes, 31
Rêve d'été, 59
Rose de Picardie, 77
Rose des Bermudes, 28

S
Séville, 114
Shangri-la, 115
Sierra Nevada, 79
Soleil couchant, 36
Sorrento, 80
Sucre vanillé, 55

V
Vanille
  Lait à la vanille, 121
  Lait battu à la vanille et à la
    banane, 87
  Lait battu à la vanille et à la
    pêche, 87
Vie en rose, 88

W
Waikiki Kiss, 89
Wedding Belle, 95
Western Promise, 105

TABLE DES MATIÈRES

Introduction 9

1. Cocktails aux fruits frais 13

2. Cocktails aux fruits secs 97

3. Laits aromatisés 117

Index 122

Ouvrages parus chez les éditeurs du groupe Sogides

LES ÉDITIONS DE L'HOMME

AFFAIRES

* **Acheter une franchise,** Levasseur, Pierre
* **Bourse, La,** Brown, Mark
* **Comprendre le marketing,** Levasseur, Pierre
* **Devenir exportateur,** Levasseur, Pierre
* **Étiquette des affaires, L',** Jankovic, Elena
* **Faire son testament soi-même,** Poirier, Me Gérald et Lescault-Nadeau, Martine
* **Finances, Les,** Hutzler, Laurie H.
* **Gérer ses ressources humaines,** Levasseur, Pierre

* **Gestionnaire, Le,** Colwell, Marian
* **Informatique, L',** Cone, E. Paul
* **Lancer son entreprise,** Levasseur, Pierre
* **Leadership, Le,** Cribbin, James
* **Meeting, Le,** Holland, Gary
* **Mémo, Le,** Reinold, Cheryl
* **Ouvrir et gérer un commerce de détail,** Roberge, C.-D. et Charbonneau, A.
* **Patron, Le,** Reinold, Cheryl
* **Stratégies de placements,** Nadeau, Nicole

ANIMAUX

* **Art du dressage, L',** Chartier, Gilles
* **Cheval, Le,** Leblanc, Michel
* **Chien dans votre vie, Le,** Margolis, M. et Swan, C.
* **Éducation du chien de 0 à 6 mois, L',** DeBuyser, Dr Colette et Dehasse, Dr Joël
* **Encyclopédie des oiseaux,** Godfrey, W. Earl
* **Guide de l'oiseau de compagnie, Le,** Dr R. Dean Axelson
* **Guide des oiseaux, Le, T.1,** Stokes, W. Donald
* **Guide des oiseaux, Le, T.2,** Stokes, W. Donald et Stokes, Q. Lilian

* **Mon chat, le soigner, le guérir,** D'Orangeville, Christian
* **Observations sur les mammifères,** Provencher, Paul
* **Papillons du Québec, Les,** Veilleux, Christian et Prévost, Bernard
* **Petite ferme, T.1, Les animaux,** Trait, Jean-Claude
* **Vous et vos oiseaux de compagnie,** Huard-Viau, Jacqueline
* **Vous et vos poissons d'aquarium,** Ganiel, Sonia
* **Vous et votre beagle,** Eylat, Martin
* **Vous et votre berger allemand,** Eylat, Martin

ANIMAUX

Vous et votre boxer, Herriot, Sylvain
Vous et votre braque allemand,
Eylat, Martin
Vous et votre caniche, Shira, Sav
Vous et votre chat de gouttière,
Mamzer, Annie
Vous et votre chat tigré, Eylat, Odette
Vous et votre chihuahua, Eylat, Martin
Vous et votre chow-chow,
Pierre Boistel
Vous et votre cocker américain,
Eylat, Martin
Vous et votre collie, Éthier, Léon
Vous et votre dalmatien, Eylat, Martin
Vous et votre danois, Eylat, Martin
Vous et votre doberman, Denis, Paula
Vous et votre fox-terrier, Eylat, Martin
Vous et votre golden retriever,
Denis, Paula
Vous et votre husky, Eylat, Martin

Vous et votre labrador,
Van Der Heyden, Pierre
Vous et votre lévrier afghan,
Eylat, Martin
Vous et votre lhassa apso,
Van Der Heyden, Pierre
Vous et votre persan, Gadi, Sol
Vous et votre petit rongeur,
Eylat, Martin
Vous et votre schnauzer, Eylat, Martin
Vous et votre serpent, Deland, Guy
Vous et votre setter anglais,
Eylat, Martin
Vous et votre shih-tzu, Eylat, Martin
Vous et votre siamois, Eylat, Odette
Vous et votre teckel, Boistel, Pierre
Vous et votre terre-neuve,
Pacreau, Marie-Edmée
Vous et votre yorkshire,
Larochelle, Sandra

ARTISANAT/BRICOLAGE

Art du pliage du papier, L',
Harbin, Robert
* Artisanat québécois, T.1, Simard, Cyril
* Artisanat québécois, T.2, Simard, Cyril
* Artisanat québécois, T.3, Simard, Cyril
* Artisanat québécois, T.4, Simard, Cyril
et Bouchard, Jean-Louis
* Construire des cabanes d'oiseaux,
Dion, André

* Encyclopédie de la maison québécoise,
Lessard, Michel et Villandré, Gilles
* Encyclopédie des antiquités,
Lessard, Michel et Marquis, Huguette
* J'apprends à dessiner, Nassh, Joanna
Taxidermie moderne, La, Labrie, Jean
* Tissage, Le, Grisé-Allard, Jeanne et
Galarneau, Germaine
Vitrail, Le, Bettinger, Claude

BIOGRAPHIES

* Brian Orser - Maître du triple axel,
Orser, Brian et Milton, Steve
* Dans la fosse aux lions, Chrétien, Jean
* Dans la tempête, Lachance, Micheline
* Duplessis, T.1 - L'ascension,
Black, Conrad
* Duplessis, T.2 - Le pouvoir,
Black, Conrad
* Ed Broadbent - La conquête obstinée
du pouvoir, Steed, Judy
* Establishment canadien, L',
Newman, Peter C.
* Larry Robinson, Robinson, Larry et
Goyens, Chrystian
* Michel Robichaud - Monsieur Mode,
Charest, Nicole

* Monopole, Le, Francis, Diane
* Nouveaux riches, Les,
Newman, Peter C.
* Paul Desmarais - Un homme et son em-
pire, Greber, Dave
* Plamondon - Un cœur de rockeur,
Godbout, Jacques
* Prince de l'Église, Le, Lachance, Micheline
* Québec Inc., Fraser, M.
* Rick Hansen - Vivre sans frontières,
Hansen, Rick et Taylor, Jim
* Saga des Molson, La, Woods, Shirley
* Sous les arches de McDonald's,
Love, John F.
* Trétiak, entre Moscou et Montréal,
Trétiak, Vladislav

BIOGRAPHIES

* **Une femme au sommet - Son excellence Jeanne Sauvé,** Woods, Shirley E.

CARRIÈRE/VIE PROFESSIONNELLE

* **Choix de carrières, T.1,** Milot, Guy
* **Choix de carrières, T.2,** Milot, Guy
* **Choix de carrières, T.3,** Milot, Guy
* **Comment rédiger son curriculum vitae,** Brazeau, Julie
* **Guide du succès, Le,** Hopkins, Tom
* **Je cherche un emploi,** Brazeau, Julie
* **Parlez pour qu'on vous écoute,** Brien, Michèle

* **Relations publiques, Les,** Doin, Richard et Lamarre, Daniel
* **Techniques de vente par téléphone,** Porterfield, J.-D.
* **Test d'aptitude pour choisir sa carrière,** Barry, Linda et Gale
* **Une carrière sur mesure,** Lemyre-Desautels, Denise
* **Vente, La,** Hopkins, Tom

CUISINE

* **À table avec Sœur Angèle,** Sœur Angèle
* **Art d'apprêter les restes, L',** Lapointe, Suzanne
* **Barbecue, Le,** Dard, Patrice
* **Biscuits, brioches et beignes,** Saint-Pierre, A.
* **Boîte à lunch, La,** Lambert-Lagacé, Louise
* **Brunches et petits déjeuners en fête,** Bergeron, Yolande
* **100 recettes de pain faciles à réaliser,** Saint-Pierre, Angéline
* **Confitures, Les,** Godard, Misette
* **Congélation de A à Z, La,** Hood, Joan
* **Congélation des aliments, La,** Lapointe, Suzanne
* **Conserves, Les,** Sœur Berthe
* **Crème glacée et sorbets,** Lebuis, Yves et Pauzé, Gilbert
* **Crêpes, Les,** Letellier, Julien
* **Cuisine au wok,** Solomon, Charmaine
* **Cuisine aux micro-ondes 1 et 2 portions,** Marchand, Marie-Paul
* **Cuisine chinoise traditionnelle, La,** Chen, Jean
* **Cuisine créative Campbell, La,** Cie Campbell
* **Cuisine facile aux micro-ondes,** Saint-Amour, Pauline
* **Cuisine joyeuse de Sœur Angèle, La,** Sœur Angèle
* **Cuisine micro-ondes, La,** Benoît, Jehane

* **Cuisine santé pour les aînés,** Hunter, Denyse
* **Cuisiner avec le four à convection,** Benoît, Jehane
* **Cuisiner avec les champignons sauvages du Québec,** Leclerc, Claire L.
* **Faire son pain soi-même,** Murray Gill, Janice
* **Faire son vin soi-même,** Beaucage, André
* **Fine cuisine aux micro-ondes, La,** Dard, Patrice
* **Fondues et flambées de maman Lapointe,** Lapointe, Suzanne
* **Fondues, Les,** Dard, Patrice
* **Je me débrouille en cuisine,** Richard, Diane
* **Livre du café, Le,** Letellier, Julien
* **Menus pour recevoir,** Letellier, Julien
* **Muffins, Les,** Clubb, Angela
* **Nouvelle cuisine micro-ondes I, La,** Marchand, Marie-Paul et Grenier, Nicole
* **Nouvelles cuisine micro-ondes II, La,** Marchand, Marie-Paul et Grenier, Nicole
* **Omelettes, Les,** Letellier, Julien
* **Pâtes, Les,** Letellier, Julien
* **Pâtisserie, La,** Bellot, Maurice-Marie
* **Recettes au blender,** Huot, Juliette
* **Recettes de gibier,** Lapointe, Suzanne
* **Robot culinaire, Le,** Martin, Pol

DIÉTÉTIQUE

Combler ses besoins en calcium,
  Hunter, Denyse
* Compte-calories, Le, Brault-Dubuc, M.
  et Caron Lahaie, L.
* Cuisine du monde entier avec Weight
  Watchers, Weight Watchers
Cuisine sage, Une, Lambert-Lagacé,
  Louise
Défi alimentaire de la femme, Le,
  Lambert-Lagacé, Louise
* Diète Rotation, La, Katahn, Dr Martin
* Diététique dans la vie quotidienne,
  Lambert-Lagacé, Louise
Livre des vitamines, Le, Mervyn, Leonard
Menu de santé, Lambert-Lagacé, Louise
Oubliez vos allergies, et... bon appétit,
  Association de l'information sur les
  allergies

* Petite et grande cuisine végétarienne,
  Bédard, Manon
* Plan d'attaque Weight Watchers, Le,
  Nidetch, Jean
* Plan d'attaque Plus Weight Watchers
  Le, Nidetch, Jean
* Régimes pour maigrir,
  Beaudoin, Marie-Josée
Sage bouffe de 2 à 6 ans, La,
  Lambert-Lagacé, Louise
* Weight Watchers - Cuisine rapide et
  savoureuse, Weight Watchers
* Weight Watchers - Agenda 85 -
  Français, Weight Watchers
* Weight Watchers - Agenda 85 -
  Anglais, Weight Watchers
* Weight Watchers - Programme -
  Succès Rapide, Weight Watchers

ENFANCE

* Aider son enfant en maternelle,
  Pedneault-Pontbriand, Louise
Années clés de mon enfant, Les,
  Caplan, Frank et Thérèsa
Art de l'allaitement maternel, L',
  Ligue internationale La Leche
Avoir un enfant après 35 ans,
  Robert, Isabelle
Bientôt maman, Whalley, J., Simkin, P.
  et Keppler, A.
Comment nourrir son enfant,
  Lambert-Lagacé, Louise
Deuxième année de mon enfant, La,
  Caplan, Frank et Thérèsa
Développement psychomoteur du
  bébé, Calvet, Didier
Douze premiers mois de mon enfant,
  Les, Caplan, Frank
* En attendant notre enfant,
  Pratte-Marchessault, Yvette
* Enfant unique, L', Peck, Ellen
Évoluer avec ses enfants,
  Gagné, Pierre-Paul
Exercices aquatiques pour les futures
  mamans, Dussault, J. et Demers, C.
* Femme enceinte, La,
  Bradley, Robert A.

* Futur père, Pratte-Marchessault, Yvette
Jouons avec les lettres,
  Doyon-Richard, Louise
Langage de votre enfant, Le,
  Langevin, Claude
Mal des mots, Le, Thériault, Denise
Manuel Johnson et Johnson des
  premiers soins, Le, Rosenberg,
  Dr Stephen N.
Massage des bébés, Le,
  Auckette, Amédia D.
Mon enfant naîtra-t-il en bonne santé?
  Scher, Jonathan et Dix, Carol
* Pour bébé, le sein ou le biberon?
  Pratte-Marchessault, Yvette
* Pour vous future maman, Sekely, Trude
Préparez votre enfant à l'école,
  Doyon-Richard, Louise
Psychologie de l'enfant de 0 à 10 ans,
  Cholette-Pérusse, Françoise
Respirations et positions
  d'accouchement, Dussault, Joanne
Soins de la première année de bébé,
  Les, Kelly, Paula
Tout se joue avant la maternelle,
  Ibuka, Masaru

ÉSOTÉRISME

Avenir dans les feuilles de thé, L,
  Fenton, Sasha
Graphologie, La, Santoy, Claude
Interprétez vos rêves, Stanké, Louis
Lignes de la main, Stanké, Louis

Lire dans les lignes de la main,
  Morin, Michel
Vos rêves sont des miroirs, Cayla, Henri
Votre avenir par les cartes,
  Stanké, Louis

HISTOIRE

* **Arrivants, Les,** Collectif
* **Civilisation chinoise, La,** Guay, Michel
* **Or des cavaliers thraces, L',**
  Palais de la civilisation

* **Samuel de Champlain,**
  Armstrong, Joe C.W.

JARDINAGE

* **Chasse-insectes pour jardins, Le,**
  Michaud, O.
* **Comment cultiver un jardin potager,**
  Trait, J.-C.
* **Encyclopédie du jardinier,**
  Perron, W. H.
* **Guide complet du jardinage,**
  Wilson, Charles
J'aime les azalées, Deschênes, Josée
J'aime les cactées, Lamarche, Claude
J'aime les rosiers, Pronovost, René
J'aime les tomates, Berti, Victor

J'aime les violettes africaines,
  Davidson, Robert
Jardin d'herbes, Le, Prenis, John
* **Je me débrouille en aménagement
  extérieur,** Bouillon, Daniel et
  Boisvert, Claude
* **Petite ferme, T.2- Jardin potager,**
  Trait, Jean-Claude
* **Plantes d'intérieur, Les,** Pouliot, Paul
* **Techniques de jardinage, Les,**
  Pouliot, Paul
Terrariums, Les, Kayatta, Ken

JEUX/DIVERTISSEMENTS

* **Améliorons notre bridge,**
  Durand, Charles
* **Bridge, Le,** Beaulieu, Viviane
* **Clés du scrabble, Les,** Sigal, Pierre A.
**Dictionnaire des mots croisés, noms
  communs,** Lasnier, Paul
**Dictionnaire des mots croisés, noms
  propres,** Piquette, Robert
Dictionnaire raisonné des mots croisés,
  Charron, Jacqueline

* **Jouons ensemble,** Provost, Pierre
Livre des patiences, Le, Bezanovska, M.
  et Kitchevats, P.
Monopoly, Orbanes, Philip
* **Ouverture aux échecs,** Coudari, Camille
* **Scrabble, Le,** Gallez, Daniel
Techniques du billard, Morin, Pierre

LINGUISTIQUE

Anglais par la méthode choc, L',
  Morgan, Jean-Louis
J'apprends l'anglais, Sillicani, Gino et
  Grisé-Allard, Jeanne

* **Secrétaire bilingue, La,** Lebel, Wilfrid

LIVRES PRATIQUES

* **Acheter ou vendre sa maison,**
  Brisebois, Lucille
* **Assemblées délibérantes, Les,**
  Girard, Francine
  Chasse-insectes dans la maison, Le,
  Michaud, O.
  Chasse-taches, Le, Cassimatis, Jack
* **Comment réduire votre impôt,**
  Leduc-Dallaire, Johanne
* **Guide de la haute-fidélité, Le,**
  Prin, Michel
  **Je me débrouille en aménagement
  intérieur,** Bouillon, Daniel et
  Boisvert, Claude
  Livre de l'étiquette, Le, du Coffre,
  Marguerite
* **Loi et vos droits, La,**
  Marchand, Me Paul-Émile
* **Maîtriser son doigté sur un clavier,**
  Lemire, Jean-Paul
* **Mécanique de mon auto, La,** Time-Life
* **Mon automobile,** Collège Marie-Victorin
  et Gouv. du Québec

**Notre mariage (étiquette et
  planification),**
  du Coffre, Marguerite
* **Petits appareils électriques,**
  Collaboration
  Petit guide des grands vins, Le,
  Orhon, Jacques
* **Piscines, barbecues et patio,**
  Collaboration
* **Roulez sans vous faire rouler, T.3,**
  Edmonston, Philippe
  Séjour dans les auberges du Québec,
  Cazelais, Normand et
  Coulon, Jacques
  Se protéger contre le vol,
  Kabundi, Marcel et
  Normandeau, André
* **Tout ce que vous devez savoir sur le
  condominium,** Dubois, Robert
  Univers de l'astronomie, L',
  Tocquet, Robert
  Week-end à New York, Tavernier-
  Cartier, Lise

MUSIQUE

Chant sans professeur, Le,
  Hewitt, Graham
Guitare, La, Collins, Peter
Guitare sans professeur, La,
  Evans, Roger

Piano sans professeur, Le, Evans, Roger
Solfège sans professeur, Le,
  Evans, Roger

NOTRE TRADITION

* **Encyclopédie du Québec, T.2,**
  Landry, Louis
  Généalogie, La, Faribeault-Beauregard,
  M. et Beauregard Malak, E.
* **Maison traditionnelle au Québec, La,**
  Lessard, Michel

* **Moulins à eau de la vallée du Saint-
  Laurent, Les,** Villeneuve, Adam
* **Sculpture ancienne au Québec, La,**
  Porter, John R. et Bélisle, Jean
* **Temps des fêtes au Québec, Le,**
  Montpetit, Raymond

PHOTOGRAPHIE

**Apprenez la photographie avec
  Antoine Désilets,** Désilets, Antoine
8/Super 8/16, Lafrance, André
Fabuleuse lumière canadienne,
  Hines, Sherman
* **Initiation à la photographie,**
  London, Barbara

* **Initiation à la photographie-Canon,**
  London, Barbara
* **Initiation à la photographie-Minolta,**
  London, Barbara
* **Initiation à la photographie-Nikon,**
  London, Barbara

PHOTOGRAPHIE

* Initiation à la photographie-Olympus,
   London, Barbara
* Initiation à la photographie-Pentax,
   London, Barbara

Photo à la portée de tous, La,
   Désilets, Antoine

PSYCHOLOGIE

Aider mon patron à m'aider,
   Houde, Eugène
* Amour de l'exigence à la préférence,
   L', Auger, Lucien
Apprivoiser l'ennemi intérieur,
   Bach, Dr G. et Torbet, L.
Art d'aider, L', Carkhuff, Robert R.
Auto-développement, L', Garneau, Jean
* Bonheur au travail, Le, Houde, Eugène
Bonheur possible, Le, Blondin, Robert
Ces hommes qui méprisent les
   femmes... et les femmes qui les
   aiment, Forward, Dr S. et
   Torres, J.
Changer ensemble, les étapes du
   couple, Campbell, Suzan M.
Chimie de l'amour, La,
   Liebowitz, Michael
Comment animer un groupe,
   Office Catéchèse
Comment déborder d'énergie,
   Simard, Jean-Paul
Communication dans le couple, La,
   Granger, Luc
Communication et épanouissement
   personnel, Auger, Lucien
Contact, Zunin, L. et N.
Découvrir un sens à sa vie avec la logo-
   thérapie, Frankl, D^r V.
* Dynamique des groupes, Aubry, J.-M.
   et Saint-Arnaud, Y.
Élever des enfants sans perdre la
   boule, Auger, Lucien
Enfants de l'autre, Les, Paris, Erna
Être soi-même, Corkille Briggs, D.
Facteur chance, Le, Gunther, Max
Infidélité, L', Leigh, Wendy
Intuition, L', Goldberg, Philip
* J'aime, Saint-Arnaud, Yves
Journal intime intensif, Le, Progoff, Ira
Mensonge amoureux, Le,
   Blondin, Robert
Parce que je crois aux enfants,
   Ruffo, Andrée

Parle-moi... j'ai des choses à te dire,
   Salomé, Jacques
Perdant / Gagnant - Réussissez vos
   échecs, Hyatt, Carole et
   Gottlieb, Linda
* Personne humaine, La ,
   Saint-Arnaud, Yves
* Plaisirs du stress, Les,
   Hanson, Dr Peter, G.
Pourquoi l'autre et pas moi? - Le droit
   à la jalousie, Auger, Dr Louise
Prévenir et surmonter la déprime,
   Auger, Lucien
* Prévoir les belles années de la retraite,
   D. Gordon, Michael
* Psychologie de l'amour romantique,
   Branden, D^r N.
Puissance de l'intention, La,
   Leider, R.-J.
S'affirmer et communiquer, Beaudry,
   Madeleine et Boisvert, J.R.
S'aider soi-même, Auger, Lucien
S'aider soi-même d'avantage,
   Auger, Lucien
* S'aimer pour la vie, Wanderer, Dr Zev
Savoir organiser, savoir décider,
   Lefebvre, Gérald
Savoir relaxer pour combattre le
   stress, Jacobson, Dr Edmund
Se changer, Mahoney, Michael
Se comprendre soi-même par les tests,
   Collectif
Se connaître soi-même, Artaud, Gérard
Se créer par la Gestalt, Zinker, Joseph
* Se guérir de la sottise, Auger, Lucien
Si seulement je pouvais changer!
   Lynes, P.
Tendresse, La, Wolfl, N.
Vaincre ses peurs, Auger, Lucien
Vivre avec sa tête ou avec son cœur,
   Auger, Lucien

ROMANS/ESSAIS/DOCUMENTS

* **Baie d'Hudson, La,** Newman, Peter, C.
* **Conquérants des grands espaces, Les,** Newman, Peter, C.
* **Des Canadiens dans l'espace,** Dotto, Lydia
* **Dieu ne joue pas aux dés,** Laborit, Henri
* **Frères divorcés, Les,** Godin, Pierre
* **Insolences du Frère Untel, Les,** Desbiens, Jean-Paul
* **J'parle tout seul,** Coderre, Émile

Option Québec, Lévesque, René
* **Oui,** Lévesque, René
* **Provigo,** Provost, René et Chartrand, Maurice
Sur les ailes du temps (Air Canada), Smith, Philip
* **Telle est ma position,** Mulroney, Brian
* **Trois semaines dans le hall du Sénat,** Hébert, Jacques
* **Un second souffle,** Hébert, Diane

SANTÉ/BEAUTÉ

* **Ablation de la vésicule biliaire, L',** Paquet, Jean-Claude
* **Ablation des calculs urinaires, L',** Paquet, Jean-Claude
* **Ablation du sein, L',** Paquet, Jean-claude
* **Allergies, Les,** Delorme, Dr Pierre
Bien vivre sa ménopause, Gendron, Dr Lionel
Charme et sex-appeal au masculin, Lemelin, Mireille
Chasse-rides, Leprince, C.
* **Chirurgie vasculaire, La,** Paquet, Jean-Claude
Comment devenir et rester mince, Mirkin, Dr Gabe
De belles jambes à tout âge, Lanctôt, D^r G.
* **Dialyse et la greffe du rein, La,** Paquet, Jean-Claude
Être belle pour la vie, Bronwen, Meredith
Glaucomes et les cataractes, Les, Paquet, Jean-Claude
* **Grandir en 100 exercices,** Berthelet, Pierre
* **Hernies discales, Les,** Paquet, Jean-Claude
Hystérectomie, L', Alix, Suzanne
Maigrir: La fin de l'obsession, Orbach, Susie
* **Malformations cardiaques congénitales, Les,** Paquet, Jean-Claude
Maux de tête et migraines, Meloche, Dr J., Dorion, J.
Perdre son ventre en 30 jours H-F, Burstein, Nancy et Roy, Matthews

* **Pontage coronarien, Le,** Paquet, Jean-Claude
* **Prothèses d'articulation,** Paquet, Jean-Claude
* **Redressements de la colonne,** Paquet, Jean-Claude
* **Remplacements valvulaires, Les,** Paquet, Jean-Claude
Ronfleurs, réveillez-vous, Piché, Dr J. et Delage, J.
Syndrome prémenstruel, Le, Shreeve, Dr Caroline
Travailler devant un écran, Feeley, Dr Helen
30 jours pour avoir de beaux cheveux, Davis, Julie
30 jours pour avoir de beaux ongles, Bozic, Patricia
30 jours pour avoir de beaux seins, Larkin, Régina
30 jours pour avoir de belles fesses, Cox, D. et Davis, Julie
30 jours pour avoir un beau teint, Zizmon, Dr Jonathan
30 jours pour cesser de fumer, Holland, Gary et Weiss, Herman
30 jours pour mieux s'organiser, Holland, Gary
30 jours pour redevenir un couple amoureux, Nida, Patricia et Cooney, Kevin
30 jours pour un plus grand épanouissement sexuel, Schneider, A.
Vos dents, Kandelman, Dr Daniel
Vos yeux, Chartrand, Marie et Lepage-Durand, Micheline

SEXUALITÉ

Contacts sexuels sans risques, I.A.S.H.S.
* Guide illustré du plaisir sexuel, Corey, Dr Robert et Helg, E.
Ma sexualité de 0 à 6 ans, Robert, Jocelyne
Ma sexualité de 6 à 9 ans, Robert, Jocelyne
Ma sexualité de 9 à 12 ans, Robert, Jocelyne
Mille et une bonnes raisons pour le convaincre d'enfiler un condom et pourquoi c'est important pour vous..., Bretman, Patti, Knutson, Kim et Reed, Paul

* Nous on en parle, Lamarche, M. et Danheux, P.
Pour jeunes seulement, photoroman d'éducation à la sexualité, Robert, Jocelyne
Sexe au féminin, Le, Kerr, Carmen
Sexualité du jeune adolescent, La, Gendron, Lionel
Shiatsu et sensualité, Rioux, Yuki
* 100 trucs de billard, Morin, Pierre

SPORTS

Apprenez à patiner, Marcotte, Gaston
Arc et la chasse, L', Guardo, Greg
Armes de chasse, Les, Petit-Martinon, Charles
Badminton, Le, Corbeil, Jean
* Canadiens de 1910 à nos jours, Les, Turowetz, Allan et Goyens, C.
Carte et boussole, Kjellstrom, Bjorn
Comment se sortir du trou au golf, Brien, Luc
Comment vivre dans la nature, Rivière, Bill
Corrigez vos défauts au golf, Bergeron, Yves
* Curling, Le, Lukowich, E.
De la hanche aux doigts de pieds, Schneider, Myles J. et Sussman, Mark D.
Devenir gardien de but au hockey, Allaire, François
Golf au féminin, Le, Bergeron, Yves
Grand livre des sports, Le, Groupe Diagram
Guide complet de la pêche à la mouche, Le, Blais, J.-Y.
Guide complet du judo, Le, Arpin, Louis
Guide complet du self-defense, Le, Arpin, Louis
Guide de l'alpinisme, Le, Cappon, Massimo
Guide de la survie de l'armée américaine, Le, Collectif
Guide des jeux scouts, Association des scouts
Guide du trappeur, Le, Provencher, Paul
Initiation à la planche à voile, Wulff, D. et Morch, K.

J'apprends à nager, Lacoursière, Réjean
Je me débrouille à la chasse, Richard, Gilles et Vincent, Serge
Je me débrouille à la pêche, Vincent, Serge
Je me débrouille à vélo, Labrecque, Michel et Boivin, Robert
Je me débrouille dans une embarcation, Choquette, Robert
Jogging, Le, Chevalier, Richard
* Jouez gagnant au golf, Brien, Luc
* Larry Robinson, le jeu défensif, Robinson, Larry
Manuel de pilotage, Transport Canada
Marathon pour tous, Le, Anctil, Pierre
Maxi-performance, Garfield, Charles A. et Bennett, Hal Zina
Mon coup de patin, Wild, John
Musculation pour tous, La, Laferrière, Serge
* Partons en camping, Satterfield, Archie et Bauer, Eddie
Partons sac au dos, Satterfield, Archie et Bauer, Eddie
Passes au hockey, Chapleau, Claude
Pêche à la mouche, La, Marleau, Serge
Pêche à la mouche, Vincent, Serge
Planche à voile, La, Maillefer, Gérard
Programme XBX, Aviation Royale du Canada
Racquetball, Corbeil, Jean
Racquetball plus, Corbeil, Jean
Rivières et lacs canotables, Fédération québécoise du canot-camping
S'améliorer au tennis, Chevalier Richard
Saumon, Le, Dubé, J.-P.

SPORTS

Secrets du baseball, Les,
    Raymond, Claude
Ski de randonnée, Le, Corbeil, Jean
Taxidermie, La, Labrie, Jean
Taxidermie moderne, La, Labrie, Jean
Techniques du billard, Morin, Pierre
Techniques du golf, Brien, Luc
Techniques du hockey en URSS,
    Dyotte, Guy

Techniques du ski alpin, Campbell, S.,
    Lundberg, M.
Techniques du tennis, Ellwanger
Tennis, Le, Roch, Denis
* **Viens jouer,** Villeneuve, Michel José
Vivre en forêt, Provencher, Paul
Volley-ball, Le, Fédération de volley-ball

le jour,
éditeur

ANIMAUX

* **Poissons de nos eaux,** Melançon, Claude

ACTUALISATION

Agressivité créatrice, L' - La nécessité de s'affirmer, Bach, Dr G.-R., Goldberg, D^r H.

Aimer, c'est choisir d'être heureux, Kaufman, B.-N.

Arrête! tu m'exaspères - Protéger son territoire, Bach, Dr G., Deutsch, R.

Ennemis intimes, Bach, Dr G., Wyden, P.

Enseignants efficaces - Enseigner et être soi-même, Gordon, D^r T.

États d'esprit, Glasser, W.

Focusing - Au centre de soi, Gendlin, Dr E.T.

Jouer le tout pour le tout, le jeu de la vie, Frederick, C.

Manifester son affection -De la solitude à l'amour, Bach, Dr G., Torbet, L.

Miracle de l'amour, Kaufman, B.-N.

Nouvelles relations entre hommes et femmes, Goldberg, D^r H.

* **Parents efficaces,** Gordon, D^r T.

Se vider dans la vie et au travail - Burnout, Pines, A. , Aronson, E.

Secrets de la communication, Les, Bandler, R., Grinder, J.

DIVERS

* **Coopératives d'habitation, Les,** Leduc, Murielle
* **Hiérarchie ethnique dans la grande entreprise,** Rainville, Jean
* **Initiation au coopératisme,** Bédard, Claude
* **Lune de trop, Une,** Gagnon, Alphonse

ÉSOTÉRISME

Astrologie pratique, L',
Reinicke, Wolfgang
Grand livre de la cartomancie, Le,
Von Lentner, G.
Grand livre des horoscopes chinois, Le,
Lau, Theodora

* **Horoscope chinois,** Del Sol, Paula
Lu dans les cartes, Jones, Marthy
Synastrie, La, Thornton, Penny
Traité d'astrologie, Hirsig, H.

GUIDES PRATIQUES/JEUX/LOISIRS

* **1,500 prénoms et significations,**
Grisé-Allard, J.

* **Backgammon,** Lesage, D.

NOTRE TRADITION

* **Lettre à un Français qui veut émigrer
au Québec,** Dubuc, Carl

PSYCHOLOGIE/VIE AFFECTIVE ET PROFESSIONNELLE

Adieu, Halpern, Dr Howard
Adieu Tarzan, Franks, Helen
Aimer son prochain comme soi-même,
Murphy, Dr Joseph
* **Anti-stress, L',** Eylat, Odette
Apprendre à vivre et à aimer,
Buscaglia, L.
**Art d'engager la conversation et de se
faire des amis, L',** Gabor, Don
Art de convaincre, L', Heinz, Ryborz
* **Art d'être égoïste, L',** Kirschner, Joseph
Autre femme, L', Sévigny, Hélène
Bains flottants, Les, Hutchison, Michael
**Ces hommes qui ne communiquent
pas,** Naifeh S. et White, S.G.
Ces vérités vont changer votre vie,
Murphy, Dr Joseph
Comment aimer vivre seul,
Shanon, Lynn
**Comment dominer et influencer les
autres,** Gabriel, H.W.
**Comment faire l'amour à la même per-
sonne pour le reste de votre vie!,**
O'Connor, D.
Comment faire l'amour à une femme,
Morgenstern, M.
Comment faire l'amour à un homme,
Penney, A.
Comment faire l'amour ensemble,
Penney, A.

Contacts en or avec votre clientèle,
Sapin Gold, Carol
Contrôle de soi par la relaxation, Le,
Marcotte, Claude
Dire oui à l'amour, Buscaglia, Léo
* **Famille moderne et son avenir, La,**
Richards, Lyn
Femme de demain, Keeton, K.
Gestalt, La, Polster, Erving
Homme au dessert, Un,
Friedman, Sonya
Homme nouveau, L',
Bodymind, Dychtwald Ken
Influence de la couleur, L',
Wood, Betty
Jeux de nuit, Bruchez, C.
Maigrir sans obsession, Orbach, Susie
Maîtriser son destin, Kirschner, Joseph
Massage en profondeur, Le, Painter, J.,
Bélair, M.
Mémoire, La, Loftus, Élizabeth
* **Mémoire à tout âge, La,**
Dereskey, Ladislaus
Miracle de votre esprit, Le,
Murphy, Dr Joseph
Négocier entre vaincre et convaincre,
Warschaw, Dr Tessa
On n'a rien pour rien, Vincent, Raymond
Oracle de votre subconscient, L',
Murphy, Dr Joseph

PSYCHOLOGIE/VIE AFFECTIVE ET PROFESSIONNELLE

Passion du succès, La, Vincent, R.

Pensée constructive et bon sens, La, Vincent, Raymond

* Personnalité, La, Buscaglia, Léo

Petit répertoire des excuses, Le, Charbonneau, C., Caron, N.

Pourquoi remettre à plus tard?, Burka, Jane B., Yuen, L.M.

Pouvoir de votre cerveau, Le, Brown, Barbara

Puissance de votre subconscient, La, Murphy, Dr Joseph

Réfléchissez et devenez riche, Hill, Napoleon

S'aimer ou le défi des relations humaines, Buscaglia, Léo

Sexualité expliquée aux adolescents, La, Boudreau, Y.

Succès par la pensée constructive, Le, Hill, Napoleon et Stone, W.-C.

Transformez vos faiblesses en force, Bloomfield, Dr Harold

Triomphez de vous-même et des autres, Murphy, Dr Joseph

Univers de mon subconscient, L', Vincent, Raymond

Vaincre la dépression par la volonté et l'action, Marcotte, Claude

Vieillir en beauté, Oberleder, Muriel

Vivre avec les imperfections de l'autre, Janda, Dr Louis H.

Vivre c'est vendre, Chaput, Jean-Marc

ROMANS/ESSAIS

* Affrontement, L', Lamoureux, Henri
* C't'a ton tour Laura Cadieux, Tremblay, Michel
* Cœur de la baleine bleue, Le, Poulin, Jacques
* Coffret petit jour, Martucci, Abbé Jean
* Contes pour buveurs attardés, Tremblay, Michel
* De Z à A, Losique, Serge
* Femmes et politique, Cohen, Yolande

* Il est par là le soleil, Carrier, Roch
* Jean-Paul ou les hasards de la vie, Bellier, Marcel
* Neige et le feu, La, Baillargeon, Pierre
* Objectif camouflé, Porter, Anna
* Oslovik fait la bombe, Oslovik
* Train de Maxwell, Le, Hyde, Christopher
* Vatican -Le trésor de St-Pierre, Malachi, Martin

SANTÉ

Tao de longue vie, Le, Soo, Chee

Vaincre l'insomnie, Filion, Michel et Boisvert, Jean-Marie

SPORT

* Guide des rivières du Québec, Fédération cano-kayac

* Ski nordique de randonnée, Brady, Michael

TÉMOIGNAGES

Merci pour mon cancer, De Villemarie, Michelle

Quinze

COLLECTIFS DE NOUVELLES

* **Aimer,** Beaulieu, V.-L., Berthiaume, A., Carpentier, A., Daviau, D.-M., Major, A., Provencher, M., Proulx, M., Robert, S. et Vonarburg, E.
* **Crever l'écran,** Baillargeon, P., Éthier-Blais, J., Blouin, C.-R., Jacob, S., Jean, M., Laberge, M., Lanctôt, M., Lefebvre, J.-P., Petrowski, N. et Poupart, J.-M.
* **Dix contes et nouvelles fantastiques,** April, J.-P., Barcelo, F., Bélil, M., Belleau, A., Brossard, J., Brulotte, G., Carpentier, A., Major, A., Soucy, J.-Y. et Thériault, M.-J.
* **Dix nouvelles de science-fiction québécoise,** April, J.-P., Barbe, J., Provencher, M., Côté, D., Dion, J., Pettigrew, J., Pelletier, F., Rochon, E., Sernine, D., Sévigny, M. et Vonarburg, E.

* **Dix nouvelles humoristiques,** Audet, N., Barcelo, F., Beaulieu, V.-L., Belleau, A., Carpentier, A., Ferron, M., Harvey, P., Pellerin, G., Poupart, J.-M. et Villemaire, Y.
* **Fuites et poursuites,** Archambault, G., Beauchemin, Y., Bouyoucas, P., Brouillet, C., Carpentier, A., Hébert, F., Jasmin, C., Major, A., Monette, M. et Poupart, J.-M.
* **L'aventure, la mésaventure,** Andrès, B., Beaumier, J.-P., Bergeron, B., Brulotte, G., Gagnon, D., Karch, P., LaRue, M., Monette, M. et Rochon, E.

DIVERS

* **Beauté tragique,** Robertson, Heat
* **Canada — Les débuts héroïques,** Creighton, Donald
* **Défi québécois, Le,** Monnet, François-Marie
* **Difficiles lettres d'amour,** Garneau, Jacques

* **Esprit libre, L',** Powell, Robert
* **Grand branle-bas, Le,** Hébert, Jacques et Strong, Maurice F.
* **Histoire des femmes au Québec, L',** Collectif, CLIO
* **Mémoires de J. E. Bernier, Les,** Therrien, Paul

DIVERS

* **Mythe de Nelligan, Le,** Larose, Jean
* **Nouveau Canada à notre mesure,**
    Matte, René
* **Papineau,** De Lamirande, Claire
* **Personne ne voudrait savoir,**
    Schirm, François
* **Philosophe chat, Le,** Savoie, Roger
* **Pour une économie du bon sens,**
    Bailey, Arthur
* **Québec sans le Canada, Le,**
    Harbron, John D.

* **Qui a tué Blanche Garneau?,**
    Bertrand, Réal
* **Réformiste, Le,** Godbout, Jacques
* **Relations du travail,** Centre des
    dirigeants d'entreprise
* **Sauver le monde,** Sanger, Clyde
* **Silences à voix haute,**
    Harel, Jean-Pierre

LIVRES DE POCHES 10 /10

* **37 1/2 AA,** Leblanc, Louise
* **Aaron,** Thériault, Yves
* **Agaguk,** Thériault, Yves
* **Blocs erratiques,** Aquin, Hubert
* **Bousille et les justes,** Gélinas, Gratien
* **Chère voisine,** Brouillet, Chrystine
* **Cul-de-sac,** Thériault, Yves
* **Demi-civilisés, Les,** Harvey, Jean-Charles
* **Dernier havre, Le,** Thériault, Yves
* **Double suspect, Le,** Monette, Madeleine

* **Faire sa mort comme faire l'amour,**
    Turgeon, Pierre
* **Fille laide, La,** Thériault, Yves
* **Fuites et poursuites,** Collectif
* **Première personne, La,** Turgeon, Pierre
* **Scouine, La,** Laberge, Albert
* **Simple soldat, Un,** Dubé, Marcel
* **Souffle de l'Harmattan, Le,**
    Trudel, Sylvain
* **Tayaout,** Thériault, Yves

LIVRES JEUNESSE

* **Marcus, fils de la louve,** Guay, Michel et
    Bernier, Jean

MÉMOIRES D'HOMME

* **À diable-vent,** Gauthier Chassé, Hélène
* **Barbes-bleues, Les,** Bergeron, Bertrand
* **C'était la plus jolie des filles,**
    Deschênes, Donald
* **Bête à sept têtes et autres contes de
    la Mauricie, La,** Legaré, Clément
* **Contes de bûcherons,**
    Dupont, Jean-Claude
* **Corbeau du Mont-de-la-Jeunesse, Le,**
    Desjardins, Philémon et
    Lamontagne, Gilles

* **Guide raisonné des jurons,**
    Pichette, Jean
* **Menteries drôles et merveilleuses,**
    Laforte, Conrad
* **Oiseau de la vérité, L',** Aucoin, Gérard
* **Pierre La Fève et autres contes de la
    Mauricie,** Legaré, Clément

ROMANS/THÉÂTRE

* **1, place du Québec, Paris VIe,** Saint-Georges, Gérard
* **7° de solitude ouest,** Blondin, Robert
* **37 1/2 AA,** Leblanc, Louise
* **Ah! l'amour l'amour,** Audet, Noël
* **Amantes,** Brossard, Nicole
* **Amour venin, L',** Schallingher, Sophie
* **Aube de Suse, L',** Forest, Jean
* **Aventure de Blanche Morti, L',** Beaudin-Beaupré, Aline
* **Baby-boomers,** Vigneault, Réjean
* **Belle épouvante, La,** Lalonde, Robert
* **Black Magic,** Fontaine, Rachel
* **Cœur sur les lèvres, Le,** Beaudin-Beaupré, Aline
* **Confessions d'un enfant d'un demi-siècle,** Lamarche, Claude
* **Coup de foudre,** Brouillet, Chrystine
* **Couvade, La,** Baillie, Robert
* **Danseuses et autres nouvelles, Les,** Atwood, Margaret
* **Double suspect, Le,** Monette, Madeleine
* **Entre temps,** Marteau, Robert
* **Et puis tout est silence,** Jasmin, Claude
* **Été sans retour, L',** Gevry, Gérard
* **Filles de beauté, Des,** Baillie, Robert
* **Fleur aux dents, La,** Archambault, Gilles
* **French Kiss,** Brossard, Nicole
* **Fridolinades, T. 1, (1945-1946),** Gélinas, Gratien
* **Fridolinades, T. 2, (1943-1944),** Gélinas, Gratien
* **Fridolinades, T. 3, (1941-1942),** Gélinas, Gratien
* **Fridolinades, T. 4, (1938-39-40),** Gélinas, Gratien
* **Grand rêve de Madame Wagner, Le,** Lavigne, Nicole
* **Héritiers, Les,** Doyon, Louise
* **Hier, les enfants dansaient,** Gélinas, Gratien

* **Holyoke,** Hébert, François
* **IXE-13,** Saurel, Pierre
* **Jérémie ou le Bal des pupilles,** Gendron, Marc
* **Livre, Un,** Brossard, Nicole
* **Loft Story,** Sansfaçon, Jean-Robert
* **Maîtresse d'école, La,** Dessureault, Guy
* **Marquée au corps,** Atwood, Margaret
* **Mensonge de Maillard, Le,** Lavoie, Gaétan
* **Mémoire de femme, De,** Andersen, Marguerite
* **Mère des herbes, La,** Marchessault, Jovette
* **Mrs Craddock,** Maugham, W. Somerset
* **Nouvelle Alliance, La,** Fortier, Jacques
* **Nuit en solo,** Pollak, Véra
* **Ours, L',** Engel, Marian
* **Passeport pour la liberté,** Beaudet, Raymond
* **Petites violences,** Monette, Madeleine
* **Père de Lisa, Le,** Fréchette, José
* **Plaisirs de la mélancolie,** Archambault, Gilles
* **Pop Corn,** Leblanc, Louise
* **Printemps peut attendre, Le,** Dahan, Andrée
* **Rose-Rouge,** Pollak, Véra
* **Sang de l'or, Le,** Leblanc, Louise
* **Sold Out,** Brossard, Nicole
* **Souffle de l'Harmattan, Le,** Trudel, Sylvain
* **So Uk,** Larche, Marcel
* **Triangle brisé, Le,** Latour, Christine
* **Vaincre sans armes,** Descarries, Michel et Thérèse
* **Y'a pas de métro à Gélude-la-Roche,** Martel, Pierre

Achevé   Imprimerie
d'imprimer Gagné Ltée
au Canada Louiseville